Jean-Michel C

CODE VAGNON

LE SKI NAUTIQUE

Les Éditions du Plaisancier
BP 27 - 69641 CALUIRE CEDEX
Tel. 04 78 23 31 14
Fax 04 78 23 48 16
36 15 VAGNON

REMERCIEMENTS

Je remercie très sincèrement les skieurs qui ont bien voulu participer aux séances photographiques.

Sans leur soutien, cet ouvrage n'aurait pu être réalisé.

Il s'agit de :

Julien BALLANGER, Marc Antoine CAU, Arnaud DELACOUR, Franck DELEDALLE, Eric DUREUX, Baptiste FAU, Dimitri GAMZUKOFF (en photo de couverture), Boris LAVAL, Denis MACOUIN, Guillaume MARTIN, Grégory MOULIN, Richard ODIN, Peter PERUS, Claude PEREZ, Florent REYRE, Frédérique SAVIN, Pierre SERRA.

L'auteur

Crédit photographique (sauf couverture) : Jean-Michel CAU

Photo de couverture : "Ski Nautique Magazine" (JLF)

Photo de 4e de couverture : "Ski Nautique Magazine" (DF)

ISBN N° 2-85725-246-3

INTRODUCTION

Étroitement lié au développement économique et à l'évolution sociale de la seconde moitié du 20e siècle, le ski nautique a d'abord été un monde de compétition uniquement. C'est seulement depuis les années 80 que la grande majorité des pratiquants s'adonne de façon épisodique et ludique aux joies de la glisse derrière un bateau.

La pratique du ski de loisir a alors largement été développée par les grands organismes de vacances qui, à l'inverse de l'histoire de ce sport, cherchent maintenant à améliorer leur secteur sportif pour répondre à la demande de leurs adhérents en progrès constants. Jusqu'à présent, les seuls livres disponibles sur le marché et traitant de ski nautique présentaient uniquement l'aspect technique des gestes de compétition ainsi que les moyens d'accéder à la pratique sportive.

Un nouvel ouvrage sur le sujet doit maintenant être le reflet du ski nautique moderne, largement présent dans le monde entier et pratiqué en compétition par seulement 7 % des skieurs. Bien sûr, il doit être l'occasion d'actualiser la technique en constante évolution.

Le but de cet ouvrage est de répondre à l'intérêt du grand public, des parents dont les enfants sont de plus en plus jeunes à vouloir skier, et des compétiteurs à la recherche de la dernière finesse technique. Volontairement, chaque chapitre est traité comme une fiche technique dont la consultation est possible de façon séparée afin que l'on ne soit pas obligé de relire l'ouvrage depuis le début.

Cependant, l'ensemble constitue une méthode basée sur un principe dont on ne déroge pas : les progrès ne peuvent se faire qu'en suivant une progression méthodique.

Toutes ces étapes trouvent leurs bases dans un apprentissage très particulier s'adressant aux tout jeunes enfants. Il en est largement question ici et cela répond à une réalité et à une demande très importante.

En revanche, le passage par l'étape à deux skis avec tous les jeux et exercices possibles n'est pas développé outre mesure. Toutes les revues et tous les autres ouvrages existant sur le marché détaillent cet aspect, qui pour nous n'est qu'un passage vers les techniques des trois disciplines du ski nautique classique : le slalom, les figures et le saut.

Les enseignants ont ainsi un contenu constituant une méthode complète.

SOMMAIRE

Les débuts

LE DÉPART À DEUX SKIS

EN QUELQUES MOTS

Votre première expérience doit se traduire par un succès.
Il n'est pas question de vous mettre dans l'eau et de compter sur votre empirisme pour trouver la bonne position.
Suivez point par point les explications ci-dessous.

AVANT TOUT

Le départ est une action qui commence par une position statique d'attente dans l'eau et qui se prolonge par une position de skieur tracté derrière le bateau. Vous devez aussi connaître cette position.
Simulez d'abord la position d'attente, le mieux étant dans une piscine.
Simulez ensuite à terre l'action de départ et la position de ski.

L'aisance dans l'eau

Amusez-vous à chausser et déchausser les skis dans une piscine.
Vous devez vous sentir à l'aise et **nager avec les bras** uniquement (**photo 1**), genoux repliés, semelles des skis à plat à la surface de l'eau.
Prenez la position de départ (**photo 2**) en vous retournant. Amusez-vous à passer de la position allongée sur le dos à la position de départ.
De votre aisance dans la piscine dépendra votre facilité à être en position de départ sans effort derrière le bateau.

La simulation à terre

Vous devez effectuer à la perfection la simulation à terre du départ en n'utilisant que vos jambes pour vous redresser.
En **position "assis"** (**photo 3**), placez vos genoux entre vos bras et restez en appui sur vos talons. Restez dans cette position sans vous retenir au palonnier.
Gardez le dos arrondi.
Passez en **position "accroupi"** (**photo 4**) en avançant votre poids du corps sur vos pointes de pieds. Ne tirez pas sur les bras et gardez le dos arrondi.
Grandissez-vous en **position de ski** (**photo 5**) en vous servant uniquement de vos jambes.
Debout, répartissez le poids du corps également sur chacun de vos pieds.
Gardez les chevilles et les genoux légèrement fléchis.
Dos plat, regardez l'horizon.

NIVEAU

Débutant
Moyen
Bon
Expert

Nagez avec les bras

Préparez la position de départ

Assis

Accroupi

En position de ski

LE DÉPART À DEUX SKIS

EN PRATIQUE

Prenez la position du départ dans l'eau. Regardez le bateau et placez **la corde entre les spatules (photo 6)**. Ces dernières doivent à peine dépasser de la surface de l'eau.
Bloquez vos genoux en les encerclant avec vos bras.
Résistez au démarrage du bateau en restant figé dans la position accroupie, après avoir reporté le poids de votre corps sur l'avant de vos pieds.
Skiez accroupi (photo 7) le plus longtemps possible en regardant le bateau.
Équilibrez-vous sur vos deux pieds. Ne tirez pas sur vos bras.
Relevez-vous ensuite progressivement en n'utilisant que vos jambes.
Soyez souple (photo 8), bras allongés, dos plat.
Gardez toujours vos chevilles fléchies.
Regardez le bateau.

La corde entre les spatules

Skiez accroupi

Soyez souple

NIVEAU

Débutant
Moyen
Bon
Expert

ZOOM

Skiez longtemps accroupi, bras allongés

Gardez le poids du corps sur l'avant des pieds.

LES DÉPARTS EN MONOSKI

EN QUELQUES MOTS

Le départ de l'eau en monoski peut se faire de deux façons : avec un seul pied chaussé ou bien les deux pieds chaussés. Dans les deux cas, le ski utilisé pour vos débuts doit avoir une semelle complètement plane et être plus long que la normale. Sa grande surface facilitera vos appuis.

AVANT TOUT

Avant de vouloir partir en mono, vous devez faire preuve de beaucoup d'aisance avec deux skis et être capable d'effectuer de longues distances sur un pied, l'autre ski soulevé. Ensuite, suivez les mêmes principes que lors des départs à deux skis : vous devez connaître la position de ski qui sera la vôtre juste après le départ. Enfin, vous devez choisir entre le départ avec un pied chaussé et le départ avec deux pieds chaussés.
Le départ avec un pied chaussé convient aux personnes puissantes des jambes ou corpulentes. Le départ avec deux pieds chaussés convient particulièrement aux enfants, aux personnes moins puissantes des jambes... et à l'utilisation d'un moteur peu puissant.

DANS QUEL BUT ?

Votre départ sera réussi lorsque vous serez en équilibre au-dessus du pied avant, au moment où votre ski se trouvera à plat sur l'eau
De la position accroupie, dos arrondi, vous passerez à une position buste droite, bassin au-dessus du pied avant.
Faites-en la simulation **à terre** pour les départs à un pied chaussé.
Utilisez une grande marche (**photo 1**) sur laquelle vous placez votre pied avant. Appuyez-vous également sur votre jambe arrière tendue et fléchissez votre cuisse avant contre votre poitrine.
Montez sur la jambe avant (**photo 2**) en bloquant vos abdominaux et en utilisant toute la puissance de votre cuisse. Gardez votre jambe arrière allongée et tendez toujours la pointe de votre pied arrière. Votre objectif est de contrôler votre équilibre sur votre pied avant, bassin au-dessus de ce dernier.
Faites par contre une simulation **dans la piscine** pour les départs avec les deux pieds chaussés.
Prenez la position accroupie (**photo 3**), corde dégagée de la spatule, du côté de votre jambe arrière.
Équilibrez-vous avec la traction de la corde produite à la main (**photo 4**). Cette faible tension est suffisante pour sentir le transfert de votre appui sur vos deux pieds. Avancez en même temps votre bassin.

NIVEAU	DISCIPLINE
Débutant	**Slalom**
Moyen	Saut
Bon	Figures
Expert	

Utilisez une grande marche

Montez sur la jambe avant

En position, les deux pieds chaussés

Équilibrez-vous avec la traction

LES DÉPARTS EN MONOSKI

EN PRATIQUE

Le départ avec un pied chaussé

Après avoir pris la position d'attente (photo 1), corde dégagée de la spatule, côté jambe arrière, attendez la traction du bateau pour **monter sur la jambe avant (photo 5)**, avec toute la puissance de votre cuisse.
Regardez le bateau et gardez votre pied arrière le plus loin possible en arrière et vers le fond de l'eau.
Debout sur le ski, effleurez l'eau avec votre pied arrière, **vos orteils servant ainsi de dérive (photo 6)**. C'est votre seul moyen d'équilibre.

Le départ avec les deux pieds chaussés

Après avoir pris la position de départ (photo 3), **résistez à la traction** du bateau (**photo 7**) en restant figé, poids du corps sur les deux pieds. Restez ainsi le plus longtemps possible.
Une fois le ski à plat sur l'eau, **poussez le bassin en avant (photo 8)** en dépliant vos jambes.
Vous arrivez ainsi en position de ski équilibré, genoux fléchis et poids du corps réparti également sur les deux pieds.

Montez sur la jambe avant

Les orteils en dérive

Résistez à la traction

Poussez le bassin en avant

NIVEAU

- **Débutant**
- Moyen
- Bon
- Expert

DISCIPLINE

- **Slalom**
- Saut
- Figures

ZOOM

Départ avec un pied chaussé : skiez très longtemps sans chausser la jambe arrière

Le pied arrière sert de dérive en effleurant l'eau.

Le ski des enfants

EN QUELQUES MOTS

Skier pour un tout-petit est le résultat fréquent d'un pari des parents qui cherchent quelque chose qui sorte de l'ordinaire pour l'immortaliser par la photo "trophée". Mais lorsque le sentiment de peur envahit l'enfant et qu'il perd confiance en ses parents, le bilan est pour le moins désolant. Dès que l'on s'adresse à des tout-petits (de 4 à 7 ans), l'échec initial n'est même pas envisageable ; l'empirisme des parents ou des moniteurs n'est pas acceptable. Suivent quelques conseils et recommandations pour que les apprentissages engagent le jeune débutant sur la voie de la réussite.

AVANT TOUT

Laissez faire les spécialistes ou devenez-en un en appliquant la méthode qui consiste à faire la différence entre essayer de faire skier et faire débuter un tout-petit.
La première option n'est que trucage car l'enfant est maintenu entre les jambes de l'adulte, voire dans ses bras. Dans ce cas-là, le mérite revient à l'adulte, l'enfant le sait et n'en tire aucune fierté. La deuxième option sous-entend qu'à chaque seconde, le très jeune enfant bâtit un apprentissage qui peut l'amener au plus haut niveau. Chaque mot, exercice, jeu avec les skis doit servir de fondement à l'étape suivante.

Quels sont les enfants concernés ?

Faut-il faire skier des enfants déjà débrouillards ou au contraire les amener à évoluer dans un schéma nouveau et inédit leur permettant de prendre confiance et de se débrouiller encore mieux ? La réponse est dans la question. Entre 4 et 7 ans, la coordination générale s'acquiert (la nage en est une illustration). Les initier au ski consiste à supprimer l'inhibition de certains avec le milieu aquatique. Bien sûr, ils skient sans savoir nager ; le port du gilet permet qu'ils le fassent en toute sécurité mais les cours de natation doivent être suivis parallèlement.
Faire skier un jeune enfant lui donne le sentiment que rien n'est impossible, que tout peut s'apprendre, même ce qui semble exceptionnel. Un renforcement de l'attitude positive vis-à-vis de l'apprentissage en général se crée. De plus, pratiquer une activité peu ordinaire lui permet de se situer parmi les êtres "extraordinaires". Quel exaltant départ dans la vie !

NIVEAU

Débutant
Moyen
Bon
Expert

DANS QUEL BUT ?

Le ski nautique, classé dans les activités acrobatiques "à maturité très précoce", fait partie de la famille de la gymnastique, du patinage et de leurs dérivés (plongeon et trampoline). Cette "maturité précoce" est l'apanage des sports où le schéma corporel et les sensations kinesthésiques jouent un très grand rôle. Si l'on ajoute une part importante de glisse, on débouche sur la "génération glisse" avec maîtrise d'engin qui attire de plus en plus de nouveaux sportifs.
Initier au ski nautique les enfants (de 4 à 7 ans) n'est qu'un élément du grand puzzle servant au ski alpin, au surf, au skate-board. L'inverse est aussi vrai : l'apprentissage du ski alpin avec celui du remonte-pente, du patinage, du patin à roulettes, du skate-board sont aussi des éléments nécessaires, voire indispensables à l'apprentissage du ski nautique.

EN PRATIQUE

Les enfants ont besoin de la présence des parents, leurs meilleurs supporters lors de la découverte de l'activité. Le phénomène de groupe est aussi une des clés de la réussite : les séances se passent avec les copains.
Le caractère précoce de cet apprentissage entraîne quelque handicap. A cet âge, les enfants présentent une faiblesse des adducteurs et une difficulté importante à maîtriser l'équilibre antéro-postérieur lorsqu'un frein se situe sous les pieds : c'est le cas de la neige profonde ou de l'eau en ski nautique. Il faut en tenir compte et avoir comme premier objectif la glisse en appui vertical avant de passer aux changements de direction qui demandent de la finesse latérale rendue difficile par l'enfoncement des skis dans l'eau.

LE MATÉRIEL

Il est adapté aux tout-petits.

Le bateau

C'est une barque propulsée par un moteur de quinze chevaux. Il présente l'avantage d'être tout à fait suffisant, mais surtout peu bruyant et non effrayant.

L'équipement de la barque

Pour répondre au critère de réussite immédiat et pour tenir compte des limites physiques énoncées précédemment, la barque est pourvue de deux barres latérales :

- une centrale utilisée par le skieur,
- une du même côté, plus courte, située à l'avant et équipée en son bout d'une poulie placée dans l'axe des skis. Cette poulie sert à régler la tension d'une corde reliée à l'avant des skis, tenue par le moniteur (**photo 1**). Le réglage de l'équilibre antéro-postérieur est réalisé d'abord par le moniteur. Progressivement, cette corde est relâchée jusqu'à l'entière maîtrise par l'enfant du recul des skis provoqué par la vitesse.

Les mini-skis

Ils sont reliés entre eux par une barrette rigide, indispensable pour éviter le resserrement intempestif des skis lorsqu'ils sont tractés (par une boucle souple), évitant toute faiblesse des adducteurs (**photo 2**). Graduellement, cette barrette est remplacée par une cordelette favorisant un travail progressif des adducteurs.

NIVEAU

Débutant
Moyen
Bon
Expert

L'arrière des skis est plombé pour que le jeune enfant prenne la meilleure position de départ dans l'eau.

Le gilet

Il est équipé d'une lanière de sécurité passant entre les jambes (pour les moins de cinq ans).

LES PRÉLIMINAIRES

A terre et en séances collectives

On insiste sur le réveil des sensations kinesthésiques et sur la prise de risque : en se servant de la poutre, du trampoline, et en s'appuyant sur la gymnastique au sol et les parcours d'équilibre.

Dans l'eau

Les exercices d'aisance se déroulent en priorité sous forme de jeu avec les skis (**photo 3**) : nager avec les skis chaussés, les chausser et déchausser.

1

2

3

LA PROGRESSION

La progression tend vers un seul objectif : transférer progressivement les appuis d'une exclusivité "mains" à un appui total sur les skis, avec l'utilisation des jambes pour contrôler les écarts latéraux et la rupture d'équilibre avant-arrière.

À LA BARRE

A la barre, skis tractés rigides

Première situation dans laquelle il faut régler l'emplacement des skis juste en arrière de la barre (**photo 4**).

A la mini-corde, skis tractés rigides

L'appui (quelquefois au-dessus de la barre) des bras commence à se réduire grâce à la souplesse du palonnier accroché à la barre. Conserver la rigidité de l'écart des skis par la barrette.

A la mini-corde, skis tractés par la cordelette

Le travail des pieds commence avec l'obligation d'un léger contrôle latéral des skis. Il est limité par la cordelette remplaçant la barrette rigide (**photo 5**).

A la mini-corde, skis non tractés (cordelette toujours utilisée)

Premier vrai transfert vers l'appui "pieds". L'équilibre antéro-postérieur est librement recherché par le skieur.

A la mini-corde, skis libres

Sans la cordelette, le skieur résout les placements antéro-postérieurs et latéraux entraînant un important travail des adducteurs.

Départ dans l'eau à la mini-corde

L'apprentissage du départ est facilité par une variation très progressive de la vitesse du bateau.

NIVEAU

Débutant
Moyen
Bon
Expert

À LA PERCHE

Le passage à la longue corde, derrière le bateau, passe par une étape rendant possible l'équilibre au départ du skieur dans l'eau. Ceci lui fournit en outre un appui dans l'axe suffisamment rigide lorsqu'il skie (**photo 6**). L'utilisation de la perche au bout de laquelle est fixé un palonnier facilite cette étape fondamentale. En cas de chute, il suffit de lâcher la perche qui flotte à la surface. Cette sécurité est importante pour l'enfant qui continue à tenir le palonnier dans l'eau.

À LA CORDE

Finalité de cette progression, le départ dans l'eau et l'évolution dans la bonne attitude sont immédiats. La longueur de la corde est de 12 mètres.

4

5

6

LE SKI DES ENFANTS de 8 et 9 ans

EN QUELQUES MOTS

A la question "quel est l'âge limite pour faire débuter les enfants en ski nautique ?", la réponse est : 8-9 ans.
Vous pouvez les faire débuter entre 4 et 7 ans afin de leur donner confiance et déjà préparer les bases dont ils auront besoin à 8 et 9 ans, mais vous ne devez pas rater le créneau des 8-9 ans.
C'est l'âge où les sports de glisse, d'équilibre et acrobatiques s'apprennent le plus facilement, où la coordination des gestes est la plus maléable et où la chute dans l'eau n'est pas considérée comme un échec mais comme un plaisir, un jeu.
Mais n'oubliez jamais que ce que vous allez faire faire à ces enfants doit répondre à leur attente (le jeu, le plaisir, le progrès) et beaucoup moins à la vôtre en tant qu'adulte (le résultat immédiat, le retour de l'investissement).

LES DÉBUTS

A 8-9 ans, vous pouvez concevoir des débuts similaires à ceux des tout-petits (voir Le ski des tout-petits).
La progression sera certes plus rapide. Le matériel sera identique.
Passez cependant le temps nécessaire à la confiance et à l'adoption de la bonne position de base.

LES OBJECTIFS

A travers le jeu, tous les fondements du ski, qu'ils soient pour une pratique de loisir ou orientés vers le haut niveau, doivent être abordés.
Voici comment faire accéder facilement vos enfants au mono et aux figures.

Exercices joués du Sillage d'Or

Le contenu pédagogique à objectif sportif des prestations demandées aux enfants à l'occasion des épreuves fédérales de détection du Sillage d'Or est particulièrement judicieux.
Il faut le suivre pas à pas :

- traction d'une main
- lever d'un ski
- flexion des jambes
- virage dans le sillage
- traverser la vague
- sauts de vague

NIVEAU

Débutant
Moyen
Bon
Expert

Passage au mono

Le passage de deux skis à un ski s'apprend à nouveau à la barre latérale. Le ski lâché est récupéré en utilisant le même système que celui utilisé pour les tout-débuts des très jeunes : ski retenu par une corde venant d'une barre à l'avant du bateau. Il suffit de remonter le ski lâché vers l'avant. La correction de la position se fait ainsi très facilement.

Le 180° en figures

Après avoir chaussé les skis de figures alternativement à la barre (avec petit palonnier) et à la corde derrière le bateau, l'apprentissage du 180° avant-arrière peut se faire en respectant les grands principes d'avancée au bateau et de la rotation (reportez-vous au chapitre “La rotation en figures”, page 80).

Saut de vagues en bi

LES JEUX

Les jeux de vagues

Leur but est d'apprendre soit à couper, soit à sauter les vagues. La mise initiale des skis en carres est essentielle.

Pour l'apprendre, laissez traîner une corde derrière le bateau afin qu'elle se trouve dans le sillage au niveau des skis.

Demandez à l'enfant de "couper" la corde avec ses skis... il apprendra vite la prise de carres.

Les jeux de balle

Leur but est d'apprendre et de calculer les meilleures trajectoires.

Exercice avec ballon

Lancez un ballon latéralement depuis le bateau et demandez à l'enfant d'aller l'attraper en s'arrêtant à son niveau en ayant lâché le palonnier.

Passer dans la porte

Faites passer le bateau à droite ou à gauche de la porte d'entrée du slalom et demandez à l'enfant, prêt à l'intérieur du sillage, de sortir de la vague en allant passer dans la porte.

Les jeux de positions

Utilisez les termes "laid" et "beau", "mauvais" et "bon", et faites prendre volontairement la mauvaise position avant la bonne pour :

- la position de passage de vague
- la position de base en monoski
- l'attitude de base en skis de figures... avec grimaces et sourire.

LE MATÉRIEL

Pour les débuts des 8-9 ans, la barque équipée d'une barre latérale et propulsée par un moteur de 15 CV est nécessaire et suffisante.

Pensez à plomber l'arrière des skis pour éviter les déséquilibres inutiles au moment du départ à la corde derrière le bateau.

NIVEAU

Débutant
Moyen
Bon
Expert

180° en bi

Visée de ballon

LES ÉVALUATIONS

L'enfant veut savoir où il en est. Il est d'ailleurs un excellent juge de lui-même et il sait parfaitement se situer par rapport aux autres. Il réclame même déjà la compétition. Voici quelques moyens de le satisfaire.

Le ski en groupe

C'est le meilleur moyen, aussi bien pour l'apprentissage par l'image que pour l'auto-évaluation comparative.

L'évaluation individuelle

Utilisez le principe du parcours chronométré (généralement 30 secondes) avec le plus grand nombre d'exécutions des gestes appris :

- passage de vagues,
- sauts de vagues,
- 180° figures, etc.

La première compétition

L'épreuve régionale du Sillage d'Or ne demande pas d'autre aptitude que tout ce qui a été évoqué dans ce chapitre.
Elle est limitée au moins de 9 ans. Il faut y aller.

La fatigue

N'oubliez jamais que vous-même êtes fatigué après un tour de ski, que vous ne pouvez pas en faire indéfiniment, ni tous les jours.
Les enfants ressentent autant la fatigue, sinon plus lorsqu'ils sont très jeunes.
Des tours de 10 minutes suffisent. Laissez-les ensuite récupérer long-temps.
Même si les conditions sont idéales, ne les saturez pas de ski.
Chaque étape en son temps.
L'entraînement intensif ne commence pas avant 10-11 ans.

NIVEAU

- **Débutant**
- Moyen
- Bon
- Expert

Passage de portes en bi

ATTITUDE EN MONO

LAID

BEAU

Groupe de compétition

Le slalom

QUE FAIRE EN MONOSKI ?

EN QUELQUES MOTS

Comme tous les néophytes, vous avez rêvé de faire un jour du mono.
Maintenant que vous êtes en mono, vous rêvez de faire de beaux virages. Cependant, vous vous posez la question de savoir comment faire en monoski pour progresser tout en vous faisant plaisir et sans vouloir accéder obligatoirement à la compétition.
Pour votre loisir et votre sécurité, améliorez vos bases car une meilleure technique vous préservera des chutes et vous procurera le plaisir de l'enchaînement.

AVANT TOUT

Les conditions de ski sont aussi importantes pour vous que pour un compétiteur.
Vous devez obligatoirement utiliser :
- un bateau de taille normale (5,50 à 6 mètres de long maximum),
- un mât de traction ou un point d'ancrage solide pour la corde situé à 1 mètre au-dessus du niveau de l'eau,
- une corde de 18 mètres de longueur.

Faites choisir un plan d'eau lisse à votre pilote et demandez-lui d'aller en ligne droite.

DANS QUEL BUT ?

L'acquisition des principes de base suivants va vous permettre l'évolution rythmée que vous souhaitez.
Vous pourrez ainsi enchaîner des séries de plusieurs virages en toute sécurité.
Vous serez le modèle auquel beaucoup de vos amis skieurs vont rêver de ressembler.

NIVEAU	DISCIPLINE
Débutant	**Slalom**
Moyen	Saut
Bon	Figures
Expert	

EN PRATIQUE

L'attitude correcte

Pour le conduire, il faut que votre ski soit en contact avec l'eau sur la plus grande longueur de carres possible au moment des changements de direction.

Vérifiez **votre attitude de base (photo 1**) avec :

- le poids du corps réparti également sur vos deux pieds,
- vos deux chevilles fléchies,
- vos pieds à plat dans les chausses, surtout le pied arrière,
- votre buste droit, solidaire du bassin grâce à des abdominaux solides,
- vos bras allongés.

Après avoir acquis cette attitude en phase statique dans le sillage, conservez-la en phase dynamique en effectuant une godille simple dans le sillage, uniquement en utilisant vos jambes.

Effectuez ensuite des **passages de vagues** au cours desquels votre attitude de base ne doit pas varier.

Suivez la progression ci-dessous :

- ligne droite statique et passage d'une vague vers l'extérieur du sillage,
- godille à l'intérieur du sillage et passage d'une vague vers l'extérieur (vers la droite puis vers la gauche),
- godille à l'extérieur du sillage et retour à l'intérieur,
- godille à l'extérieur du sillage et passage des deux vagues.

Au cours de ces exercices, restez tonique mais neutre avec vos bras. Utilisez vos jambes uniquement pour changer de direction.

Ne vous asseyez pas au passage de vagues.

1

L'attitude de base

EN PRATIQUE

L'enchaînement virage-traversée

En partant de l'intérieur du sillage, écartez-vous vers l'extérieur en vous opposant à la corde, mais ne tirez plus sur vos bras dès que l'arrière de votre ski a fini de traverser la vague.

Laissez-vous ralentir et **changez de carres** (**photo 2**) en passant par une position relevée de contrôle de l'attitude correcte.

Changez de direction (**photo 3**) en poussant latéralement vos pieds pour mettre le ski sur l'autre carre. Gardez les deux mains sur le palonnier. Tournez la totalité de votre corps vers votre nouvelle direction.

Grandissez-vous (photo 4) au passage des vagues pour toujours conserver l'attitude de base.

Luttez contre les mauvais réflexes

Restez toujours vigilant sur les points suivants :

- ne tirez pas sur les bras pour accélérer : opposez-vous avec tout le corps
- n'accélérez pas vers l'extérieur lorsque vous êtes déjà hors du sillage : laissez aller le ski
- ne tournez pas en tirant sur les bras : utilisez vos jambes
- ne fléchissez pas les genoux dans les vagues : grandissez-vous et gardez le poids du corps sur vos deux pieds.

Changez de carres

Changez de direction

Grandissez-vous

NIVEAU

- **Débutant**
- Moyen
- Bon
- Expert

DISCIPLINE

- **Slalom**
- Saut
- Figures

ZOOM

Changez de direction avec un angle fermé

Gardez vos deux mains sur le palonnier.

EN QUELQUES MOTS

Il ne faut pas confondre l'apprentissage du slalom avec l'apprentissage du monoski. Par ailleurs, il faut concevoir que, comme tout apprentissage ayant une finalité précise et lointaine, le chemin vers cet objectif passe par de nombreuses étapes et comporte de nombreux paliers au cours desquels les progrès ne seront pas immédiats mais seront consacrés à l'automatisation des gestes.
Comme pour les deux autres disciplines, le slalom s'apprend progressivement, sur une durée de plusieurs années.

AVANT TOUT

Avant de penser au passage du slalom, il y a deux points techniques essentiels qui doivent déjà être acquis depuis longtemps :

- le placement sur le ski,
- la technique de base du virage.

Pour la technique du virage, reportez-vous au chapitre suivant "Le virage à deux mains" (page 40).
Pour le placement sur le ski, il existe un seul moyen de contrôler votre position. Il s'agit d'effectuer de grandes traversées à une vitesse très lente (34 ou 37 km/h) et avec une longue corde (23 mètres).
Ainsi, vous aurez tout le temps de contrôler et de modifier votre position pour devenir le skieur "béton", modèle du genre en alignement du buste avec la cuisse de la jambe avant et en appui équilibré sur les deux pieds (**photos 1, 2 et 3**).

DANS QUEL BUT ?

Le slalom est une discipline sportive dans laquelle le joueur perd à tous les coups !
Le challenge est de repousser le plus tard possible la limite (chute ou bouée ratée). Pour cela, votre trajectoire est essentielle. Son apprentissage est très lié à celui du rythme d'exécution que vous devez adopter dans le slalom. Aussi, de grâce, lorsque vous travaillez rythme et trajectoire, ne rajoutez pas en plus des objectifs techniques. Votre attention est déjà assez mobilisée comme cela.
Par contre, l'amélioration de votre geste technique doit faire l'objet de séances particulières, en ski libre (hors du slalom).

NIVEAU	DISCIPLINE
Débutant	**Slalom**
Moyen	Saut
Bon	Figures
Expert	

Soyez "béton

Redressez-vous en avançant le bassin

Accélérez sur deux pieds

EN PRATIQUE

Vous êtes maintenant persuadé que vous allez rechercher la position du corps et une bonne technique de base du virage au cours de séances spécifiques. Nous allons aborder ensemble la progression vous amenant à un bon rythme et une bonne trajectoire dans le slalom. Pour cela, trois étapes sont nécessaires.

Le mini slalom

En réduisant la largeur du slalom officiel avec des bouées à contourner 2 mètres plus à l'intérieur, le mini slalom devient un obstacle de seulement 19 mètres de large (au lieu de 23 mètres). Avec une vitesse compatible avec votre poids et vous permettant de vous concentrer sur le bon rythme (traversée très rapide des deux vagues et exécution du virage à vitesse lente), vous pourrez automatiser la bonne trajectoire (voir le schéma page 39). C'est simple : préparez le virage et amorcez-le avant la bouée, bouclez le virage vers la nouvelle direction au niveau de la bouée.

EN PRATIQUE

Le slalom mixte

Sûr de vous dans le mini slalom, augmentez la difficulté en élargissant de temps en temps vos traversées. Pour cela, adoptez un passage mixte au cours duquel vous pouvez indifféremment contourner une bouée du mini ou du slalom officiel. L'important est de conserver votre rythme et d'avoir toujours la bonne trajectoire. Il est plus facile de prendre le bon rythme avec 3 bouées de mini slalom et d'élargir ensuite vos traversées avec les 3 dernières bouées du grand slalom.

Le slalom officiel

Autre étape intermédiaire, le slalom officiel (largeur : 23 mètres) effectué avec une corde rallongée à 20 mètres. Ces deux mètres de plus vous donneront l'espace suffisant pour perfectionner votre trajectoire.

Changez de carres (photo 4) en gardant les deux mains sur le palonnier bloqué contre votre bassin. Le balancement latéral de ce dernier vers l'extérieur initie le changement de carres qui est le résultat de la poussée de vos deux pieds vers l'extérieur. Gardez le buste aligné avec la jambe avant.

Changez de carres

Projetez le ski

Projetez loin votre ski (photo 5) pour vous procurer le plus grand espace possible avant la bouée. C'est grâce à cet éloignement du ski que le virage se fera facilement, avec la plus grande prise de carres.

Bouclez votre virage (photo 6) par une rotation totale du corps (pieds, bassin, épaules, tête) qui revient contre le palonnier avec votre hanche extérieure. Restez sur les deux pieds et finissez le virage sur la trajectoire idéale, au ras de la bouée.

Bouclez

NIVEAU	DISCIPLINE	ZOOM
Débutant	**Slalom**	**Poussez latéralement le bassin**
Moyen	Saut	
Bon	Figures	
Expert		

Initiez le changement de carres par le balancement latéral du bassin, bras bloqués.

LE VIRAGE À DEUX MAINS

EN QUELQUES MOTS

Le beau virage, la grande gerbe, c'est le rêve de tous. Mais combien de chutes inattendues, combien de "mous" dans la corde, combien de courbatures terribles vous guettent pour quelques rares moments de plaisir. Vous pouvez éviter tous ces déboires si vous êtes persuadés que le slalom, comme tout apprentissage sportif, nécessite d'abord des étapes préliminaires, une progression d'apprentissage rigoureuse. L'étape d'aujourd'hui est indispensable.

AVANT TOUT

Avant d'évoluer dans le parcours de slalom, vous devez bien sûr être irréprochable sur les positions de corps et sur la maîtrise de vos trajectoires. Contrôlez que votre buste soit droit, dans le prolongement de votre jambe avant, à tout moment. Vérifiez aussi que vous avez le poids du corps sur les deux pieds.

DANS QUEL BUT ?

Alors, vous pourrez vous initier aux trajectoires du slalom. La meilleure trajectoire est celle qui vous amène en avance sur les bouées afin que vous ayez la place de faire votre changement de direction dans une zone précédant les bouées.

NIVEAU	DISCIPLINE
Débutant	**Slalom**
Moyen	Saut
Bon	Figures
Expert	

EN PRATIQUE

ALLEZ-Y

Imaginez que le palonnier est un point solide qui se déplace d'un côté à l'autre des vagues.

Vous allez vous servir de ce point d'appui pour placer votre corps à tout instant en position solide, soit en opposition accélération dans les traversées, soit en projection extension après le changement de carres et de direction pour vous procurer le plus grand espace afin d'effectuer votre virage en avance sur la bouée.

1. En fin de traversée, **lorsque vous passez la deuxième vague du bateau (photo 1)**, servez-vous de vos deux mains grâce à une poussée énergique sur les deux jambes. Résistez à la rotation des épaules amorcée par la traction de la corde.

2. **Changez de carres (photo 2)**, deux mètres après la deuxième vague. Restez solide du buste, tonique des jambes et surtout gardez l'ensemble de votre corps bien aligné. Ne portez pas vos fesses en arrière. Au contraire, grandissez-vous pour faciliter le passage du ski d'une carre à l'autre.

Passage de la 2ᵉ vague

Changement de carres

LE VIRAGE À DEUX MAINS

EN PRATIQUE

3. Tout le secret du slalom est là. **Décalez le ski (photo 3)** le plus largement possible, c'est la seule façon de garder de l'avance sur les bouées. Donc, élargissez la trajectoire, projetez le ski sur le côté avec votre poids également réparti sur les deux pieds. Gardez les deux mains sur le palonnier, car cette phase est toujours initiée par les pieds même à très haut niveau. Conservez la même attitude tonique et "tubulaire" de l'ensemble du corps. Plus vous éloignerez votre ski du palonnier, plus les carres seront agressives dans l'eau, plus le virage sera facile... Vous devrez alors allonger votre bras intérieur pour conserver ce supplément de longueur de corde tout en gardant un appui solide sur le palonnier.

4. **Votre changement de direction (photo 4)** se fait presque automatiquement à partir du moment où le ski est bien éloigné du palonnier. Vous n'avez plus qu'à continuer la rotation en utilisant vos jambes. Votre buste s'oriente ainsi dans la nouvelle direction.

5. En revenant vers le palonnier avec votre corps, **fermez le virage (photo 5)** en accentuant la rotation du bassin. Tournez vos épaules face aux vagues.

6. Sur une nouvelle trajectoire opposée au bateau, avec votre buste rigide qui s'éloigne à nouveau du palonnier, **démarrez votre accélération (photo 6)**.

Projection du ski

Changement de direction

Fermeture du virage

Accélération

NIVEAU	DISCIPLINE
Débutant	Slalom
Moyen	Saut
Bon	Figures
Expert	

ZOOM

Projection du ski

Poids réparti également sur les deux pieds.

L'OPPOSITION ACCÉLÉRATION

EN QUELQUES MOTS

S'opposer pour accélérer, c'est l'évidence. Tout le monde croit savoir le faire. Pourtant les performances limitées dans le parcours de slalom sont la sanction immédiate de cette lacune. S'opposer en accélérant dans la porte d'entrée, c'est le début de la réussite du slalom... et ne pas s'opposer à cet endroit-là est le début de la contre-performance.

AVANT TOUT

N'oubliez pas que le slalom est synonyme de rythme. Le découpage en tranches analytiques et figées de l'évolution dans le slalom est catastrophique. L'essentiel est le rythme, encore le rythme, toujours le rythme.
Il faut aller vite dans les traversées et lentement avant de négocier les virages. Mais surtout, il faut déjà être capable techniquement de pouvoir varier votre vitesse... c'est-à-dire que votre attitude générale de slalomeur soit sans faille. Soyez attentif à votre buste droit et rigide, au poids du corps sur vos deux pieds.

DANS QUEL BUT ?

La vitesse est le seul moyen d'arriver en avance par rapport aux bouées. C'est évident, mais pas facile à faire, d'autant plus que cette avance est essentielle à la bouée n° 1. Voilà pourquoi il faut savoir aller très vite dans la porte d'entrée.

EN PRATIQUE

ALLEZ-Y

La porte d'entrée

Il est essentiel de **monter avec une nette accélération pour vous placer à hauteur du bateau (photo 1)**, à gauche de ce dernier. Ce point de départ doit toujours être identique pour que vous puissiez ajuster le moment du déclenchement de votre virage, en fonction des conditions de vent, de courant, et... de vitesse ou longueur de corde. Le virage est lent, très lent, avec les deux mains sur le palonnier, buste très solide, poids du corps sur les deux pieds.
Évitez déjà de perdre du terrain. Restez sur place le plus longtemps possible.

NIVEAU

Débutant
Moyen
Bon
Expert

DISCIPLINE

Slalom
Saut
Figures

Après le virage, **commencez à accélérer vers la première vague** (**photo 2**), quand vous êtes sûr que votre trajectoire va vous amener au ras de la bouée de droite, à l'intérieur de la porte d'entrée du slalom. Gardez les bras tendus et éloignez votre buste du bateau.
Au ras de la bouée de droite de la porte, continuez à accélérer. C'est là que vous allez gagner votre avance sur la première bouée. **Restez opposé jusqu'à la fin du passage de la porte** (**photo 3**), ce qui coïncide avec la seconde vague du sillage.

Soyez très large

Accélérez progressivement

Restez opposé dans la porte

EN PRATIQUE

Le passage dans les vagues

La fin du virage est déterminée par un changement total de trajectoire. **Avant la première vague (photo 4)**, la trajectoire d'opposition est inscrite par le ski en carres, poids du corps sur les deux pieds.

Votre corps se place en opposition et commence à résister à la traction de la corde.

Au milieu du sillage (photo 5), l'accélération et l'opposition sont à leur apogée. Votre corps doit faire bloc loin du palonnier. Repoussez-vous sur les jambes pour résister à l'ouverture intempestive des épaules face au bateau. Arrêtez d'accélérer, mais surtout **restez opposé à la sortie de la deuxième vague (photo 6)**.

Conservez le poids du corps sur vos deux pieds et restez en carres. Gardez le buste droit, maintenez le palonnier fermement à deux mains.

Placez-vous en opposition

Accélérez fort sans les vagues

Restez opposé

NIVEAU

- Débutant
- **Moyen**
- Bon
- Expert

DISCIPLINE

- **Slalom**
- Saut
- Figures

ZOOM

Opposez-vous avec les épaules
Poussez sur les jambes

Corps gainé. Poids du corps sur les deux pieds.

LA BONNE TRAJECTOIRE

EN QUELQUES MOTS

Quel skieur ne se fixe pas de challenge personnel dans le slalom ?
Qui, à la sortie de l'eau, n'associe pas sa satisfaction à la performance réalisée dans les bouées ?
Le slalom est bien la discipline sportive par excellence dans laquelle la performance est sublimée par rapport au geste technique, et ceci à tous les instants de la pratique de loisir ou de l'entraînement. Et pourtant !
Le support technique est essentiel, tout comme le support physique... et visuel.
Comment aborder le slalom ? En vous préparant à une discipline de trajectoires à grande vitesse. Pour arriver à la porte de sortie, il vous faut lutter contre la traction rectiligne du bateau en exécutant un geste technique sur des trajectoires bien particulières.

AVANT TOUT

Pour vous concentrer sur la trajectoire idéale, reléguez au rang des automatismes acquis la bonne position sur le ski, ainsi que la technique générale du slalom.

DANS QUEL BUT ?

Votre objectif est de réussir les passages complets avec des cordes de plus en plus courtes, d'accord. Mais n'oubliez pas que cette réussite dépend de votre capacité à anticiper vos changements de direction pour être déjà sur une nouvelle trajectoire de traversée à la bouée.

Seront essentiels le temps et l'espace que vous aurez su ménager pour modifier votre geste suivant les accidents du parcours (faute technique, vent, vagues, ressac, éblouissement par le soleil...). La bonne trajectoire est celle qui anticipe !

EN PRATIQUE

Comme pour tous les sports de trajectoire à grande vitesse (auto, moto, ski, vélo...), vous devez être en excellente position pour conduire.
Vérifiez que vous :
- êtes face au ski,
- regardez où vous allez,
- tenez un volant efficace (pas de mou de corde),
- êtes en contact avec l'eau sur la plus grande longueur possible de vos carres.

NIVEAU	DISCIPLINE
Débutant	**Slalom**
Moyen	Saut
Bon	Figures
Expert	

Ensuite, accélérez sur le rail de la traversée (jusqu'après le franchissement de la seconde vague) et anticipez votre changement de direction en changeant de carres dès la sortie de cette dernière. C'est au début de cette inversion des carres et d'attitude générale (de l'opposition à la projection latérale du ski) que votre ski va commencer à ralentir.

Profitez-en pour boucler le virage en venant serrer de près la bouée pour procéder à la nouvelle traversée. Soyez en appui sur la corde tendue pour pouvoir pousser latéralement le ski en carres. Le parcours de slalom vous amène à perfectionner deux types de trajectoires : la prise de porte d'entrée avec la bouée n°1 et ensuite la négociation des cinq autres bouées.

La porte d'entrée

Montez très large (photo 1) à la hauteur du bateau à gauche grâce à une forte accélération. De ce point, vous allez estimer le moment de vous élancer dans la porte d'entrée.

Montez très large

Accélérez dans la porte (photo 2) pour franchir la vague de droite avec la plus grande vitesse possible, tout en serrant la bouée de droite de la porte. **Anticipez (photo 3)** largement la bouée n°1. Le virage doit être fini au ras de la bouée.

Accélérez dans la porte

La réussite de la suite du slalom (la place pour finir à la bouée n°6) en dépend.

Anticipez

LA BONNE TRAJECTOIRE

EN PRATIQUE

Entre les bouées

L'enchaînement présenté par les photos 4 à 7 est très parlant. **Regardez à l'extérieur** des vagues (**photo 4**) lorsque vous accélérez. C'est le point de **changement de carres** (**photo 5**) qui va vous donner l'espace nécessaire. Situez-le très haut. **Anticipez largement** (**photo 6**) votre retour vers la bouée par une projection latérale importante du ski, corde tendue. **Bouclez à la bouée** (**photo 7**) de telle sorte que vous soyez fort et rapide dans les vagues suivantes.

4 *Regardez à l'extérieur*

5 *Changez de carres*

6 *Anticipez largement*

7 *Bouclez à la bouée*

NIVEAU	DISCIPLINE
Débutant	**Slalom**
Moyen	Saut
Bon	Figures
Expert	

ZOOM

Anticipez largement

Soyez en appui sur la corde tendue pour pouvoir pousser latéralement le ski en carres.

EN QUELQUES MOTS

Lorsque vous parlez ou entendez parler de slalom, les mêmes mots reviennent : trajectoire, avance, retard, changement de direction et autres termes techniques qui font référence à des passages obligatoires et à certains points sur une trajectoire. C'est un langage style S.N.C.F. ! Alors, continuons. Le changement de carres, c'est exactement l'aiguillage qui va permettre le changement de direction. Comme tout aiguillage, ce n'est pas sur un point minuscule que cette modification radicale se déroule mais sur une partie de rail. Bien plus, ce rail n'est pas courbe. Changer de carres, c'est seulement préparer le virage sur un aiguillage préliminaire. Ce passage est d'autant plus sensible qu'il est conditionné par toutes les options qui se présentent à vous au moment du choix de votre ski et donc de sa semelle.
Son tunnel, sa concavité, ses carres de la partie avant d'une agressivité variable vont donner à cet aiguillage une souplesse, une rapidité ou une difficulté que vous avez plus ou moins souhaitée. Adaptez le choix de votre ski à votre niveau et à votre technique.

AVANT TOUT

Pour pouvoir utiliser efficacement cet aiguillage, il faut y venir sur le bon rail et en bonne position.
Vous n'aurez pas perdu votre temps en travaillant la bonne accélération en opposition.
Soyez solide, équilibré et en carres pour arriver en pleine vitesse non pas sur le bon point mais sur le bon passage, là où vous allez changer de carres.
Votre aiguillage se trouve à la sortie de la seconde vague de votre traversée et dure tout le secteur extérieur qui est facilement visible et matérialisé par le spray (projection latérale de l'eau due au déplacement du bateau).
C'est chez le débutant que ce passage sensible se prépare. Il doit apprendre à ne pas effectuer de virage immédiatement après la deuxième vague ; il doit continuer à s'écarter en opposition, ski en carres.
Pour préparer ce geste, le meilleur exercice consiste à "se balancer" de carres en carres au milieu du sillage, autour du palonnier, point d'appui central tenu au niveau du bassin (**photos 1 et 2**).
Ce travail latéral se fait avec le poids du corps réparti également sur les deux pieds.

NIVEAU	DISCIPLINE
Débutant	**Slalom**
Moyen	Saut
Bon	Figures
Expert	

DANS QUEL BUT ?

Votre concevez la nécessité d'avoir suffisamment d'espace pour avoir le temps de boucler votre virage sur un point qui vous permettra de ménager d'une bouée à l'autre votre capital espace-temps, c'est-à-dire le plus près possible de la bouée. L'espace, voilà la clef du slalom. C'est votre bon aiguillage, sur une bonne trajectoire, dans une bonne direction, qui vous permettra de ménager cet espace si précieux.

1

Balancez de carres...

2

... en carres

EN PRATIQUE

Du fait de la position des pieds sur le ski, vous effectuez deux types de traversée : une traversée fermée au cours de laquelle votre pied avant est côté bateau et votre bassin est "fermé" et une traversée ouverte au cours de laquelle votre pied arrière est côté bateau et votre bassin est "ouvert" vers ce dernier.

En fin de traversée ouverte (photos 3, 4 et 5)

Au passage de la seconde vague, bloquez bien le bassin en serrant les fesses pour conserver votre poids du corps sur les deux pieds.
Restez opposé. Ne regardez pas encore la bouée mais le point où se termine la fin de l'aiguillage, c'est-à-dire la limite spray-eau calme.
Tout en bloquant votre palonnier au corps, arrêtez votre opposition de l'épaule arrière et laissez-vous relever par la tension de la corde.
Des carres d'opposition, laissez-vous amener sur les carres côté bateau. Pendant ce temps-là, gardez votre buste rigide et dans le prolongement de votre jambe avant. Restez sur les deux pieds.
Cette amorce de balance latérale doit être suivie d'une poussée réelle et puissante de vos deux pieds vers le côté opposé au bateau pour mettre votre ski sur la "tranche".
Restez sur le rail vous amenant le plus haut possible au-dessus de la bouée. C'est cette action qui, d'autant plus longue, vous obligera à vous incliner vers le bateau et à allonger votre bras d'autant plus loin vers le palonnier pour vous créer le meilleur espace.

NIVEAU	DISCIPLINE
Débutant	**Slalom**
Moyen	Saut
Bon	Figures
Expert	

Restez opposé

Laissez-vous relever

Poussez le ski sur l'autre carre

EN PRATIQUE

En fin de traversée fermée (photos 6, 7, 8)

Au passage de la seconde vague, amenez très fortement votre buste et votre bassin vers l'avant du ski, tout en restant en opposition accélération. Vous devez compenser la traction arrière de la corde pour éviter de sortir de la vague en appui talon.
Effectuez vraiment une seconde accélération pour sortir de la vague.
Restez sur le rail tout en vous laissant relever par la corde.
Gardez vos deux mains sur le palonnier auprès duquel votre bassin sera bloqué.
Luttez pour garder le poids du corps réparti également sur vos deux pieds.
La projection latérale de votre ski vers l'extérieur se fait en fin de "balancier".
N'hésitez pas à le pousser très loin avec vos deux pieds.
Gardez votre buste très rigide et appuyez-vous bien sûr la corde pour être en équilibre très stable loin de la bouée.
Le virage à venir en dépend.

Pas d'appui talon

Restez sur le rail

Projetez bien le ski

NIVEAU

- Débutant
- Moyen
- **Bon**
- Expert

DISCIPLINE

- **Slalom**
- Saut
- Figures

ZOOM

Laissez-vous relever

Laissez-vous amener vers le bateau pour changer de carres.

LE VIRAGE À UNE MAIN

EN QUELQUES MOTS

Le virage à une main, tout le monde sait la faire... ou croit savoir le faire. Il n'est qu'un élément de liaison entre deux trajectoires diamétralement opposées. C'est seulement un changement de direction, mais tellement important. Son efficacité est liée à la bonne exécution de la traversée précédente et du changement de carres initial [relisez les chapitres : "L'opposition accélération" (page 44) et "Le changement de carres" (page 52)].

AVANT TOUT

Le virage à une main est une amélioration technique du virage à deux mains. Cette étape était nécessaire pour bien comprendre l'importance de conserver une corde tendue en virage afin d'utiliser à tout moment le palonnier comme un appui nécessaire à une action motrice.
Lâcher la main est le résultat d'un éloignement progressif du ski en carres initié par le changement de carres. Par contre, lâcher la main sans avoir éloigné le ski amène un mol intempestif dans la corde qui se traduira par une chute en virage ou une traversée suivante erronée, ski à plat.

DANS QUEL BUT ?

Le virage à une main est plus efficace. Il permet d'élargir l'espace entre la deuxième vague et la bouée. Prolongement du changement de carres, il permet au ski de conserver un plus grand angle d'attaque sur l'eau et donc de préparer la traversée qui va suivre avec la plus grande opposition.

NIVEAU	DISCIPLINE
Débutant	Slalom
Moyen	Saut
Bon	Figures
Expert	

EN PRATIQUE

Compte tenu de la position dissymétrique des jambes sur le ski, on a distingué deux types de traversée : la traversée ouverte et la traversée fermée. Il en est de même pour le virage.

Le virage ouvert

Ce dernier fait suite à la traversée fermée et se prolonge par la traversée ouverte, c'est-à-dire bassin orienté vers le bateau. Vous êtes en **"projection" maximale** (**photo 1**). Le ski est en carres extrêmes, spatule très engagée dans l'eau. Votre poids du corps est nettement sur la partie avant du ski. Votre corps est très aligné. Regardez déjà dans la nouvelle direction. Imaginez que vous allez faire tourner le ski autour de la spatule et chassez latéralement vos deux pieds pour cela. Soyez attentif à votre bassin : vous ne devez pas vous asseoir. Commencez à reculer votre hanche intérieure. Pour **fermer le virage** (**photo 2**), rapprochez l'ensemble du côté libre (épaule, hanche, jambe arrière) du point d'appui (le palonnier). La traction sur le palonnier est simultanée à cette action forte de fermeture. Par contre, pour une meilleure rotation, pensez à reculer tout le côté intérieur (épaule et hanche). Ainsi votre axe de rotation restera au milieu de votre corps. Continuez à tourner votre bassin et vos épaules face à votre nouvelle direction. Transférez votre angle de projection en angle d'opposition. **Accélérez ensuite (photo 3)**.

Projection

Fermeture

Accélération

LE VIRAGE À UNE MAIN

EN PRATIQUE

Le virage fermé

En fin de traversée ouverte, ce virage demande une rotation générale moins importante car votre bassin se placera naturellement en opposition. Profitez-en. Donnez plus d'espace dans cette **projection** (**photo 4**) que pour le virage ouvert. Il vous faut plus de place pour la jambe arrière qui risque de bloquer le début du virage.
Regardez dans la nouvelle direction. Fléchissez vos chevilles et reportez nettement votre poids du corps vers l'avant du ski.
Fermez votre virage (**photo 5**) en replaçant déjà le haut de votre corps en attitude d'opposition. Restez sur vos deux pieds.
Bouclez complètement votre virage avant **d'accélérer** (**photo 6**). Utilisez l'ensemble de votre corps pour vous opposer à la traction.

Projection

Fermeture

Accélération

NIVEAU

- Débutant
- Moyen
- Bon
- **Expert**

DISCIPLINE

- **Slalom**
- Saut
- Figures

ZOOM

Fermez le virage vers une trajectoire diamétralement opposée

Reculez le côté intérieur.
Fermez avec l'extérieur.

LE SKI TOUT TEMPS

EN QUELQUES MOTS

Skier et surtout slalomer dans toutes les conditions est la marque des vrais skieurs. En compétition, c'est une obligation. A l'entraînement, c'est un jeu, une corvée... ou une situation largement évitée : cela dépend de votre état d'esprit et de votre analyse du ski nautique.
Pourtant, il ne faut pas oublier que le ski nautique est un sport de plein air, voire de pleine nature. C'est ce qui fait son charme et sa spécificité.
L'idéal, le rêve de tout slalomeur, le miroir lisse à l'infini, est très rare.

AVANT TOUT

Dans un objectif de compétition, il faut associer le plaisir du slalomeur à des critères différents. Etre heureux de slalomer sur une surface lisse et d'y réaliser sa meilleure performance est bien ; faire de son mieux dans des conditions climatiques ou de surface difficiles est beaucoup mieux et ce challenge doit déboucher sur une autre sorte de plaisir : surmonter des éléments variables et inattendus.
S'entraîner en slalom, c'est bien sûr améliorer et répéter sans cesse un geste proche de l'idéal sur chacune des vitesses et longueurs de corde compatibles avec votre niveau, c'est surtout consacrer une large part à trouver les gestes les plus efficaces dans des conditions climatiques variées et difficiles.

DANS QUEL BUT ?

La compétition est une épreuve à date et lieu déterminés... mais à conditions de ski indéterminées !

Autant vous pouvez programmer votre meilleure forme pour cette période, autant vous ne pouvez pas prévoir le temps qu'il fera. Par contre, vous devez anticiper toutes les conditions et ce serait une grave erreur que de penser qu'obligatoirement il fera beau le jour J.

Vous devez être le meilleur (par rapport aux autres et par rapport à vous-même) dans les conditions du jour. Voilà la vérité du slalom.

Pour cela vous devez préparer, simuler, provoquer, affronter toutes les situations possibles lors de vos séances d'entraînement.

Les situations de record sont très rares en compétition. Elles le sont trop souvent à l'entraînement. Changez votre mentalité et ne fuyez pas les difficultés sinon vous courrez très souvent à l'échec.

Les vagues

EN PRATIQUE

Voici une liste de conditions souvent rencontrées en compétition et qui se retrouvent à l'entraînement si vous les cherchez. Maîtrisez-les.

Le soleil

Le soleil est synonyme de bonnes conditions. Pas si sûr, s'il est bas (le matin et le soir), les ombres s'allongent et l'ombre portée des bouées va rendre difficile vos trajectoires.
Si le soleil est voilé, le relief va manquer. L'eau et le ciel peuvent se confondre. Le manque de repères sera difficile à maîtriser.

La pluie

La pluie risque de piquer vos yeux. Repoussez votre seuil de tolérance... ou bien portez des lunettes et portez-les souvent.

Le bateau

Chaque modèle de bateau a une vague différente. Il projette aussi un "spray" plus ou moins grand. Vos traversées seront plus ou moins faciles. Sachez-le et changez souvent de bateau tracteur.

EN PRATIQUE

Le ressac

Les berges absorbent plus ou moins bien les vagues du bateau.
Le ressac s'anticipe et s'observe. Il se maîtrise car il est passager. N'ayez pas peur de lui.

Le vent

L'ennemi n° 1 du slalomeur est perfide.
Il peut être de face ou de dos, mais aussi, très souvent latéral. Il est souvent plus fort que ce que vous vous imaginiez sur les petits plans d'eau car il n'a pas la possibilité de former de vagues. Regardez bien les drapeaux au moment de votre ski et entre vos divers passages : il peut changer.
De face ou de dos, il faut être très rapide en traversée de toute façon. Ce n'est que la longueur de votre traversée que vous allez doser : très large en vent de face, terminée tôt en vent de dos.
La dissymétrie des traversées est dictée par le vent latéral. Ne ratez pas une occasion de la travailler à l'entraînement.

Le fond

Un plan d'eau profond (supérieur à 5 mètres) sera lent.
Une faible profondeur d'eau accélérera sans cesse le skieur... et même le bateau. A savoir !
Plus dur à négocier sera le fond variable dans le slalom. Des accélérations subites et brèves peuvent se passer. Renseignez-vous sur la topographie du fond et observez les autres skieurs.

L'eau

L'eau, à l'image des diverses sortes de neiges en ski alpin, change souvent de composition au même endroit et est très différente d'un lieu à un autre.
Selon que l'eau soit chaude ou froide, le ski glisse plus ou moins vite. Idéale à 24°, elle est plus lente à 30°.
Après la pluie, sa couche supérieure est plus dure. Mais si la pluie a amené des alluvions, elle sera plus grasse et plus glissante.
Changez souvent de lieu pour rencontrer toutes ces situations.

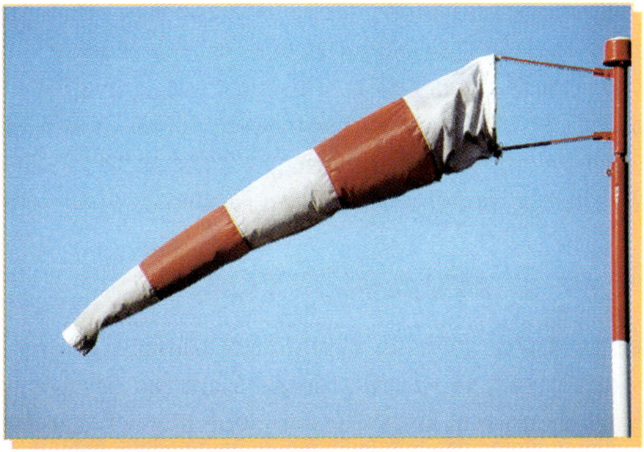

Le vent

Le ressac

EN QUELQUES MOTS

Ici, nous allons bousculer votre routine. Rien ne s'invente. Rien ne s'apprend d'un coup de baguette magique. Tout est affaire de progression et de programmation. Vous concevez facilement cette approche pour les figures car il vous est difficile d'avoir des informations techniques et vous croyez alors que cette discipline est excessivement difficile... il n'en est pas autrement pour le slalom, discipline dans laquelle vous pensez tous que le haut niveau est accessible facilement.
Croyez-vous que l'on passe le baccalauréat à l'entrée de l'école primaire ?

AVANT TOUT

Alors, arrêtez de vouloir faire du slalom tout azimut, d'utiliser des vitesses trop élevées et surtout de vouloir réussir à chaque passage la totalité du geste sans imaginer un seul instant que chaque phase nécessite un apprentissage et une progression technique particulière.

Cette approche est indispensable non seulement pour la technique du slalom mais encore pour sa préparation physique spécifique, son approche mentale, ainsi que pour accéder à la meilleure performance à la période voulue.

DANS QUEL BUT ?

Une méthode d'entraînement en slalom a pour but de vous amener à posséder un geste parfait après quelques années de pratique, en utilisant des étapes techniques et des objectifs intermédiaires.

Le geste de slalom ne s'apprend pas dans sa globalité. Prenez les judokas en exemple : répétez inlassablement les différentes prises avant de gagner un combat.

NIVEAU

Débutant
Moyen
Bon
Expert

DISCIPLINE

Slalom
Saut
Figures

EN PRATIQUE

La programmation

A chaque période de l'année correspond un type d'entraînement privilégiant le travail en volume ou en intensité. Leur harmonie est indispensable à la réussite de votre saison que vous devez découper en phases.

Pour déterminer ces phases, il faut calculer à rebours en plaçant la phase de compétition au moment souhaité.

Un skieur de compétition doit faire appel à une intensité supérieure par rapport à un skieur moyen. Il doit cependant combiner l'intensité et le volume de la même façon pour arriver aux meilleures performances au moment désiré.

Consultez, ci-dessous, le schéma présentant les relations entre les deux paramètres considérés et leur effet sur la performance.

La progression

Les précédents chapitres vous ont convaincu de la progression à consacrer à l'apprentissage de votre geste technique.

Le thème de travail de chacun des cycles doit regrouper un ensemble de séances qui préparent les étapes suivantes. N'hésitez pas à vous y attarder en période de phase préparatoire, avec beaucoup de volume.

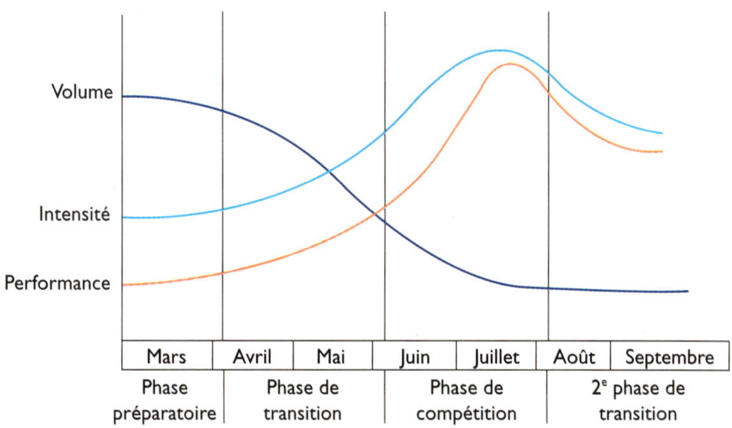

EN PRATIQUE

L'objectif de chaque séance

Voici la vraie clé de votre réussite. Chaque séance d'entraînement s'inscrit dans une progression prévue dans la programmation générale. Respectez-en le contenu et tirez-en les enseignements (objectifs réalisés, ou irréalisés, fatigue, forme...) pour préparer la séance suivante.

La préparation physique

Vous pouvez programmer tout ce que vous voulez... à condition que le physique suive. Voilà un grand volet de votre entraînement qui fait, à lui tout seul, l'objet d'un grand chapitre... à suivre.

Le programme de la journée

Le contenu de la séance

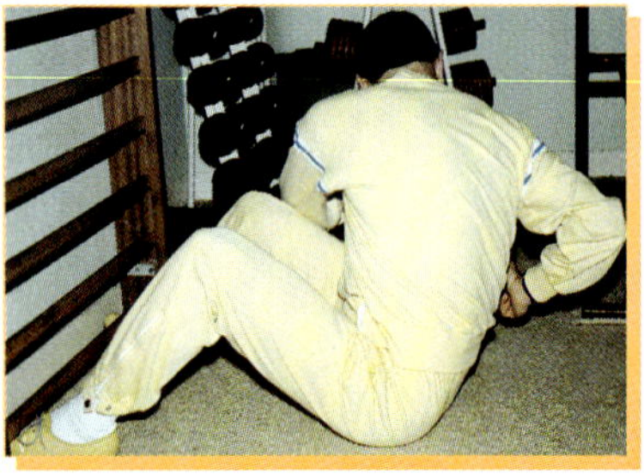

La préparation physique

NIVEAU	DISCIPLINE
Débutant	**Slalom**
Moyen	Saut
Bon	Figures
Expert	

ZOOM

Respectez le contenu prévu pour la séance d'entraînement

Des consignes claires et brèves.

Les figures

EN QUELQUES MOTS

Un parcours de figures est comparable à un morceau de musique. Il doit comporter du rythme et être composé de notes, souvent les mêmes, qui sont déclinées et harmonisées entre elles pour donner la fluidité et l'efficacité du parcours.
Vous devez retenir deux idées maîtresses au moment où vous envisagez une carrière de figuriste :

- *prévoir, préparer et travailler le rythme ;*
- *déterminer, préparer et travailler les figures de base.*

AVANT TOUT

Une figure de base se décline et donne naissance à une famille dont le développement déjà très élaboré aujourd'hui ne demande qu'à être encore plus difficile demain avec l'invention d'une nouvelle figure.
Au début de votre carrière, le travail de chaque figure vous ouvrant l'accès à une famille est indispensable. Aucune famille ne doit être occultée.

DANS QUEL BUT ?

De plus, à l'intérieur d'une même famille, certaines figures servent de bases à d'autres, et ceci à chaque stade de la progression du niveau régional vers le très haut niveau.

Imaginez votre carrière comme une fusée à plusieurs étages.

La qualité et la sûreté de chacun d'eux assureront de nouvelles bases à un niveau de plus en plus élevé.

NIVEAU	DISCIPLINE
Débutant	**Slalom**
Moyen	**Saut**
Bon	**Figures**
Expert	

EN PRATIQUE

Voici une liste des figures de base assorties de quelques-uns de leur développement.

- 180° avec deux skis ➠ 360° à 2 skis ➠ 180° et 360° en mono ➠ 180° vague avec deux et un ski ➠ hélicoptères
- Position de back ➠ arrière-arrières sillage et vague ➠ le 540° ➠ le 720° ➠ le step back
- 180° corde au pied ➠ 180° vague ➠ 360° déroulés sillage et vague
- 180° corde au pied inversé ➠ arrière-arrières sillage et vague ➠ le 540°
- 360° corde au pied enroulé ➠ 540° ➠ 720°
- 180° corde au pied step ➠ le 360° step C.P. ➠ le 540° step C.P.
- 180° step mono ➠ 180° step vague ➠ 360° (step front) ➠ les step back
- Flip arrière ➠ flip inversé ➠ les flips avec 180° ➠ flip avant
- 180 body over ➠ 360° body arrière-arrière ➠ les 540° body

Mais ne brûlez pas les étapes. "Bétonnez" ces figures de base pour vous donner toutes les garanties de réussite des figures compliquées.
Cependant, faites attention : ne changez de niveau que si vous êtes imparable dans vos avancées par rapport au point d'appui du palonnier [lisez et relisez le chapitre "La rotation" (page 80)]. Ceci est un autre chantier.

LES FIGURES DE BASE

Hélico main à main

180° mono

180° bi

Body

Baby ski

Step

NIVEAU	DISCIPLINE
Débutant	Slalom
Moyen	Saut
Bon	Figures
Expert	

C.P. enroulé

Position back

C.P. inverse

C.P. 180°

C.P. step

Flip arrière

Flip avant

EN QUELQUES MOTS

Maintenant que vos idées sont ordonnées et que vous discernez clairement les figures de base dans la forêt des figures plus difficiles, vous pouvez comprendre qu'une démarche identique puisse s'appliquer aussi de façon plus particulière parmi les figures de base.
Pour assurer ces dernières, vous devez posséder des aptitudes générales que vous allez travailler à l'aide d'une multitude d'exercices : les exercices fondamentaux.

AVANT TOUT

Pour faire une phrase (le parcours de figures), il faut connaître les mots qui la constituent (les figures).
Mais pour posséder parfaitement ces mots, il faut savoir les écrire et connaître les lettres qui les composent.
Les exercices ont toujours le même but, qu'ils soient en écriture ou dans une activité sportive.

DANS QUEL BUT ?

Si vous cherchez la réussite à tout prix et à court terme, celle-ci sera toujours très aléatoire et de petit niveau. Seul un travail de fond d'une grande rigueur à l'aide d'exercices fondamentaux vous donnera la satisfaction de posséder ces figures de base et vous permettra d'accéder ensuite aux sommets.

NIVEAU

Débutant
Moyen
Bon
Expert

DISCIPLINE

Slalom
Saut
Figures

EN PRATIQUE

Voici une liste non exhaustive des fondamentaux des figures que vous allez développer à l'aide d'exercices.

Le gainage de votre bassin

Le placement de votre bassin est essentiel. Seul son gainage (**photo 1**) constant vous évitera les déséquilibres intempestifs. Entraînez-vous à terre entre deux chaises... et faites des abdominaux.

La rotation équilibrée

Une rotation équilibrée est le fruit d'une coordination parfaite entre la rotation de l'ensemble bassin-skis et celle du poignet de la main restant sur le palonnier qui se tourne sur lui-même et qui vient réaliser le contact avec le bas de votre dos.

Cet automatisme est utile à tous les 180°, ainsi qu'aux 360° et 540° avec changement de main en l'air.

Il se travaille par des 180° glissés aller-retour (**photo 2**) avec une seule main sur le palonnier, départ bras tendu en avant.

1

2

EN PRATIQUE

La maîtrise de la glisse

La maîtrise de la glisse vous enlèvera toute appréhension dans les rotations de surface et vous permettra de contrôler vos actions dans des phases nécessairement lentes. **Faites du dérapage** (**photo 3**) sur de longues distances, que ce soit en bi, en mono ou en corde ou pied.

Le rapprochement du palonnier

Rapprochez-vous du palonnier pendant les rotations. Relisez les chapitres qui en présentent toute l'utilité.
Contrôlez-la par des 180° arrière-avant vague (**photo 4**).

Servez-vous des points d'appui

Servez-vous des points d'appui possibles, chaque fois qu'il y a une rotation déroulée de la corde (hélicoptère, step front, 360° CP déroulé...).
Il faut éviter de vous trouver, en phase aérienne, sans appui. Ce sera toujours le cas, assorti de beaucoup de chutes, si vous lâchez la corde trop tôt. Bien au contraire, effectuez la presque quasi totalité de la rotation en vous tenant à la corde avec la main qui sera lâchée le plus tard possible.

3

4

NIVEAU	DISCIPLINE
Débutant	Slalom
Moyen	Saut
Bon	**Figures**
Expert	

EN PRATIQUE

Répétez les exercices de l'appui correspondant aux départs de l'hélico, du step front et du 360° CP sans vous dérouler mais au contraire en revenant vers la position de départ en avant après avoir effectué le premier 180° (**photos 5, 6 et 7**).

Équilibrez-vous au centre du ski

Équilibrez-vous au centre du ski en utilisant la grande variété offerte par les figures réalisables un pied chaussé (**photo 8**).

Vous serez surpris de tout ce que vous pourrez arriver à faire ainsi que de votre équilibre imparable dans vos parcours de figures.

Convaincu de cette approche, vous êtes maintenant capable de consacrer de nombreuses séances d'entraînement à la réalisation d'exercices dont le nombre est infini. Inventez-en !

LA ROTATION

EN QUELQUES MOTS

Faire des figures, c'est faire des rotations.
Ces rotations sont successives et elles s'assortissent de gestes plus ou moins compliqués, effectués en appui soit sur deux soit sur un ski ou en corde ou pied, et elles peuvent être glissées sur l'eau ou réalisées en phase aérienne. Avant d'apprendre des figures, apprenez la technique de rotation et les principes qui la dictent.

AVANT TOUT

Le ski nautique est un sport tracté. N'oubliez jamais cette réalité qui a deux conséquences :

• vous avez toujours besoin d'un point d'appui (le palonnier),
• l'indispensable vitesse du bateau, pour vous mettre en hydroglissage, provoque une fuite en avant permanente du palonnier.

Lorsque vous restez en position statique de marche avant, palonnier en main, vous skiez à la même vitesse que le bateau.
Par contre, si vous vous dégagez de cette position en effectuant une action motrice divergente de la marche avant, votre vitesse linéaire ne sera plus assurée.

DANS QUEL BUT ?

Il vous faut donc compenser la perte de vitesse linéaire pour vous permettre de rester proche du point d'appui en fin d'action divergente.
Ceci s'applique à toutes les rotations que vous allez effectuer.
Vous réalisez à quel point cet aspect fondamental des figures est essentiel, car vous risquez de perdre immédiatement le palonnier si vous ne vous replacez pas contre le point d'appui en fin de rotation.
Cela s'appelle "l'avancée au bateau".

NIVEAU	DISCIPLINE
Débutant	Slalom
Moyen	Saut
Bon	**Figures**
Expert	

EN PRATIQUE

Dans la technique de rotation, que ce soit pour une figure élémentaire ou pour une figure difficile, il existe une façon de se rapprocher progressivement du palonnier. Cette action vous permet de conserver un appui très ferme en fin de figure et vous procure un enchaînement stable et efficace. L'avancée au bateau est permanente et se transforme en recul au bateau, si vous êtes dos à ce dernier.
Elle est d'autant plus importante que le nombre de rotations de la figure est important.

A terre

Expliquez et faites simuler le geste, palonnier en main. Tracez deux lignes au sol (départ et arrivée) et dessinez la position d'arrivée des pieds : la rotation doit être simultanée à l'avancée et au placement des pieds, inversés par rapport à la marche du bateau (**photo 1**).

Simulez

EN PRATIQUE

Sur l'eau

Répétez jusqu'à la perfection la rotation la plus simple, le 180° avant-arrière avec deux skis.

Préparez-vous dans le sillage, face au bateau. Gardez les bras allongés, le buste droit et le poids du corps réparti également sur vos deux pieds.

Avancez vers le palonnier (**photo 2**) sans tirer sur les bras mais en vous servant du point d'appui du palonnier pour glisser d'un bloc vers l'avant. En même temps, initiez la rotation avec vos pieds et votre bassin.

Allez latéralement vers le palonnier (**photo 3**) avec le buste solidaire de votre bassin qui continue sa rotation. C'est au cours d'un véritable dérapage que votre progression pour vous rapprocher du bateau continue.

Reculez vers le palonnier (**photo 4**) pour finir votre rotation contre ce dernier.

Vos chevilles sont toujours souples. Gardez le regard à l'horizon.

Avancez vers le palonnier

Allez latéralement vers le palonnier

Reculez vers le palonnier

NIVEAU

- **Débutant**
- Moyen
- Bon
- Expert

DISCIPLINE

- Slalom
- Saut
- **Figures**

ZOOM

Tournez le bassin en vous rapprochant du palonnier, buste droit

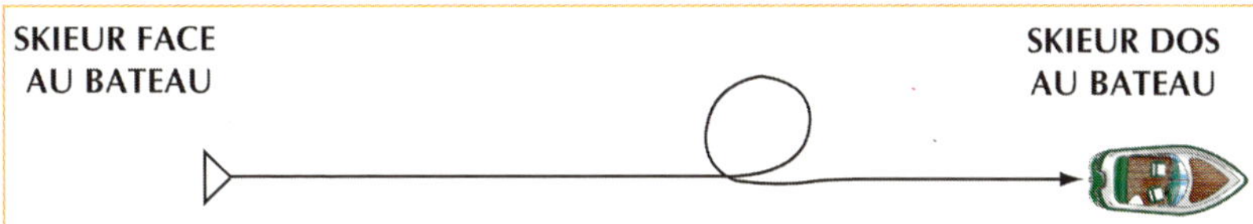

Votre bassin initie la rotation.

EN QUELQUES MOTS

Pour faire des figures, vous devez bien sûr savoir faire des rotations, mais surtout vous devez être capable de maîtriser les situations de glisse. Vous ne devez jamais exécuter de rotation à la va-vite pour vous raccrocher aux axes de marche avant ou de marche arrière.
Dans toutes les figures glissées, la partie consacrée au dérapage est primordiale.

AVANT TOUT

Les dérapages doivent être pour vous une seconde nature.
Apprenez-les, mais surtout faites en un de vos exercices préférés. Faites de longues lignes droites en dérapage, dans les trois situations (bi, main et corde au pied).
Votre maîtrise des figures passe par là. Glissez des centaines de mètres à l'entraînement... alors que le règlement de compétition ne vous demande de les tenir que... deux mètres.

DANS QUEL BUT ?

La technique moderne des figures fait appel à la notion d'avancée au bateau. Le placement du pied avant au milieu du ski, ainsi que les matériaux utilisés pour la fabrication de ces derniers permettent de glisser les figures "eau" en permanence.
Le dérapage y est constant.
Apprenez au plus tôt les dérapages à deux skis.
Attendez de savoir faire les 180° et les 360° en mono avant d'apprendre les dérapages qui demandent une maîtrise plus fine.
Il en est de même du dérapage corde au pied pour lequel vous devez bien savoir faire les 180° aller-retour avant de réaliser ce dernier qui est fort délicat.

NIVEAU	DISCIPLINE
Débutant	Slalom
Moyen	Saut
Bon	**Figures**
Expert	

EN PRATIQUE

Le dérapage avec deux skis

Préparez-vous (photo 1) face au bateau, buste droit, bras allongés. Tonifiez vos abdominaux. Fléchissez les chevilles de telle sorte que vos genoux soient poussés vers l'avant. Gardez vos pieds à plat dans les chausses.

Initiez le dérapage en utilisant la technique d'avancée au bateau décrite au chapitre "la rotation". Pour ce faire, conduisez jusqu'à 90° votre ski gauche si vous voulez déraper vers la droite, et inversement pour l'autre côté. Cette conduite de ski se fait en braquant tout votre côté : cheville, genou, hanche et épaule qui forment un seul axe de force.

Contrôlez le dérapage (photo 2) en reportant votre poids du corps sur le ski le plus éloigné du bateau. Gardez les deux chevilles fléchies et les pieds à plat dans les chausses.

Restez près du palonnier et soyez de profil par rapport à l'axe de traction.

AVEC DEUX SKIS

EN PRATIQUE

Le dérapage en mono

Préparez-vous (photo 3) de la même façon qu'avec deux skis.
Par contre, placez tout le poids du corps sur la jambe avant, cheville fléchie. Initiez le dérapage en avançant au bateau. Utilisez au maximum le chassé de votre pied arrière. La mise du ski à 90° doit se faire très lentement.
Contrôlez le dérapage (photo 4) en reportant le poids du corps également sur vos deux pieds. Restez de profil et conservez la poussée latérale du pied arrière.

Le dérapage corde au pied

Préparez-vous (photo 5) de façon stable, en appuyant fermement votre pied tracteur sur le palonnier.
La corde est basse.
Initiez le dérapage en avançant nettement au bateau, bien plus que pour les dérapages corde en main. Tournez simultanément le ski et le bassin, ainsi que votre pied et votre jambe tractrice qui se portent aussi à 90°.
Contrôlez le dérapage (photo 6) en bloquant votre bassin à 90°.
Maintenez fléchies votre jambe porteuse et sa cheville.
Le pied tracteur reste à 90°, genou poussé vers l'extérieur.

EN MONO

3

4

EN CORDE AU PIED

LE 180° EN MONO - codification : B et F

EN QUELQUES MOTS

Les 180° en mono sont la base de toutes les rotations. On va les retrouver dans toutes les familles de figures (step, corde au pied, figures aériennes).
Faire un 180°, c'est accéder à la marche arrière... qui doit devenir très vite pour vous une deuxième nature. C'est en arrière que certaines figures se terminent, c'est de l'arrière que d'autres se commencent... et la marche arrière est le meilleur exercice qui soit.

AVANT TOUT

Bien avant de se lancer sur les 180° en mono, il est indispensable de maîtriser parfaitement les 180° et les 360° avec deux skis. C'est avec deux skis de figures qu'il est aisé d'apprendre la technique de rotation. N'oubliez jamais que le début des figures commence toujours à deux skis.

DANS QUEL BUT ?

Dans un parcours de figures, les 180° tiennent une place prépondérante. Ils sont la base des parcours des skieurs débutants. Ils sont surtout des liaisons entre les figures plus difficiles chez les skieurs confirmés.
Vous devez les réaliser de façon irréprochable.

EN PRATIQUE

ALLEZ-Y

Face au bateau, préparez-vous (**photo 1**), les bras allongés, sans aucune tension. Contrôlez les points suivants : dos droit, buste droit, bassin solidaire de ce dernier. Vos genoux sont poussés vers l'avant, le poids du corps est réparti également sur les pieds à plat sur le ski.

Appuyez-vous sur le palonnier pour avancer progressivement l'ensemble de votre corps (d'un seul bloc de la tête aux pieds), avant d'amorcer votre rotation. La progression vers l'avant étant bien amorcée, **commencez la rotation** de l'ensemble du corps vers l'arrière (**photo 2**). Ne relâchez cependant pas votre avancée au bateau.

NIVEAU	DISCIPLINE
Débutant	Slalom
Moyen	Saut
Bon	**Figures**
Expert	

Préparation

Amorcez votre rotation

Terminez la rotation

EN PRATIQUE

Terminez la rotation en arrière en reprenant le palonnier avec les deux mains le plus vite possible (**photo 3**). Vous vous trouvez contre le palonnier, ce dernier étant horizontal.

REVENEZ VERS L'AVANT

Avant tout, n'oubliez pas de vous replacer loin du palonnier, bras allongés. Le succès de cette rotation en dépend.
Ayez le dos plat, répartissez le poids du corps également sur les deux pieds. Tout comme à l'aller, initiez un rapprochement global du corps et du ski vers le palonnier avant de commencer la rotation.
Transformer votre recul initial en "avancée" au bateau en fin de rotation vers l'avant. Gardez le poids du corps sur les deux pieds (**photo 4**).

Revenez vers l'avant

NIVEAU

- Débutant
- **Moyen**
- Bon
- Expert

DISCIPLINE

- Slalom
- Saut
- **Figures**

ZOOM

Amorcez votre rotation coude fléchi

Avancez en rotation.

L'HÉLICOPTÈRE - codification : W O

EN QUELQUES MOTS

L'hélicoptère, c'est le 360° avant-avant sur la vague. Nous allons voir ici le plus simple en monoski ; c'est-à-dire celui effectué en se déroulant. Il en existe d'autres, à savoir l'hélicoptère main à main (360° en changeant de main en l'air) ou l'hélicoptère enroulé avec une telle avancée du corps en l'air que le skieur peut s'enrouler dans la corde et obtenir ainsi la position de départ de l'hélicoptère que nous décrivons ici.

AVANT TOUT

N'oubliez pas qu'avant de réaliser des figures en monoski, vous devez être capable de démontrer que vous êtes parfaitement maître des rotations sillage et vague avec deux skis : 180° et 360° sillage, 180° et hélicoptère vague.

C'est par la pratique du bi que vous automatisez les bases essentielles des figures : la position générale du corps et la notion d'avancée au bateau.

DANS QUEL BUT ?

Les hélicoptères se trouvent dans tous les parcours de figures. Soit ils sont la pièce maîtresse des parcours de niveau régional, soit ils sont l'objet d'un enchaînement très rapide à haut niveau avec toujours comme seul but, celui de se faire créditer de 150 points.

L'hélicoptère est très souvent la première figure d'un parcours de compétition. Il faut le posséder à 110 % !

NIVEAU	DISCIPLINE
Débutant	Slalom
Moyen	Saut
Bon	**Figures**
Expert	

EN PRATIQUE

Faire des figures, c'est faire une discipline d'équilibre, ce n'est pas faire du funambulisme. Cette maxime est encore plus vraie pour toutes les figures aériennes. Leur réussite dépend essentiellement de la façon dont vous assurerez en permanence votre équilibre grâce à des points d'appui stables par l'intermédiaire des skis et des pieds mais surtout par celui du palonnier et des mains.

Exercice de point d'appui

En position d'enroulé (**photo 1**), maintenez la corde sur le côté au niveau du bassin. C'est l'avant-bras qui est dans votre dos, non la corde. Gardez vos épaules et vos hanches face au bateau. Répartissez le poids du corps sur les deux pieds. **Déclenchez la rotation** (**photo 2**) par l'intermédiaire de la main qui tient la corde. C'est la rotation de votre poignet qui va commander la rotation des épaules et du bassin. Conservez votre appui sur la corde jusqu'en arrière. **Revenez vers l'avant** (**photo 3**) par une action simultanée des hanches et des épaules avec l'appui ferme de votre main sur la corde. Répétez plusieurs fois cet exercice.

La position d'enroulé

Déclenchez la rotation

Revenez vers l'avant

L'HÉLICOPTÈRE - codification : W O

EN PRATIQUE

L'hélicoptère

Attaquez la vague (**photo 4**) avec une forte prise de carres, tout en conservant le poids du corps sur les deux pieds; les épaules et les hanches face au bateau et surtout le meilleur appui sur la corde avec votre main extérieure.

Amorcez votre rotation (**photo 5**) en l'air tout comme lors de l'exercice préparatoire, c'est-à-dire par l'action de votre poignet sur la corde. Ne lancez pas les épaules, mais effectuez un 360° en douceur avec l'ensemble ski-bassin-épaules.

Le retour face au bateau (**photo 6**) ne doit pas être l'occasion de vous éloigner du palonnier mais au contraire de finir votre rotation du bassin très proche de ce dernier.

La prise de vague

La rotation en appui

Le retour face au bateau

NIVEAU	DISCIPLINE
Débutant	Slalom
Moyen	Saut
Bon	**Figures**
Expert	

ZOOM

Déclenchez la rotation avec l'aide de votre main sur la corde

Gardez la main sur la corde jusqu'en arrière.

LE 540° ARRIÈRE AVANT - codification : W 5 F

EN QUELQUES MOTS

Voilà une figure spectaculaire. D'arrière en avant, d'avant en arrière, en rotation normale ou en inversé, le 540° devient difficilement compréhensible pour le spectateur mais il est toujours apprécié à sa juste valeur technique. Imaginez que le ski soit remplacé par des patins à glace et nous serions dans une autre discipline de la famille des sports acrobatiques pour laquelle la préparation des rotations est primordiale. Les rotations aériennes de plus d'un tour sont difficiles à maîtriser, car il y a un changement de main en l'air. Né de l'invention des positions de départ arrière (les back back) dans les années 80, le 540° le plus facile est celui dont le départ est en arrière, en position de back simple.

AVANT TOUT

Le 540° arrière avant est tout simplement un back back exécuté avec le plus grand respect du règlement, c'est-à-dire avec le ski sortant de la vague en position initiale (en marche arrière), auquel on rajoute pendant la phase aérienne un 360° avant avant, main à main. Pour sa parfaite réalisation, vous devez posséder les préliminaires suivants :

- la position de back,
- l'exécution des back back sillage et vague,
- le gainage parfait du corps en rotation,
- le 360° main à main,
- la simulation du 540° dans le sillage.

DANS QUEL BUT ?

Parmi ces préliminaires, vous devez exécuter très souvent les deux exercices suivants :

- le 360° avant avant vague, en changeant de main dans le dos,
- l'arrière arrière vague avec départ et arrivée sur un seul bras, en respectant les détails suivants :
    - **coupez la vague (photo 1)** avec la plus grande longueur de carres, bassin et bras intérieur bloqué l'un contre l'autre pour garder la position arrière ;
    - **montez "gainé" (photo 2)** en utilisant le rebond des chevilles. Votre buste solide et droit assure votre équilibre. Votre main intérieure tient toujours le palonnier. Utilisez-la pour vous approcher de ce dernier avec votre bassin ;

NIVEAU	DISCIPLINE
Débutant	Slalom
Moyen	Saut
Bon	**Figures**
Expert	

EN QUELQUES MOTS

- **changez de main (photo 3)** pendant la rotation. Gardez le buste droit ;
- **atterrissez en arrière (photo 4)** sur toute la longueur de carres et fléchissez au maximum vos deux chevilles. Utilisez le bras extérieur pour contrôler la tension de la corde.

Coupez la vague

Montez "gainé"

Changez de main en tournant

Atterrissez en carres

LE 540° ARRIÈRE AVANT - codification : W 5 F

EN PRATIQUE

Vous voici prêt pour effectuer le plus facile des 540° : le 540° arrière avant en sortant de la vague, depuis le départ en position de back normal.

Coupez la vague (photo 5) avec la plus grande énergie. Restez en position arrière jusqu'à ce que le ski soit sorti de celle-ci, poids du corps toujours sur les deux pieds. La prise de carre maximum doit se situer au sommet de la vague.

Montez sur vos deux pieds (photo 6). Gardez le buste droit et approchez votre dos du palonnier. Pour cela, gardez la tension de la corde sur votre bras intérieur et fléchissez le coude pour rester contre le palonnier.

Effectuez une rotation de 540° (photo 7) en l'air grâce au changement de main sur le palonnier dans votre dos. Ce n'est ni plus ni moins à ce stade-là que la répétition d'un hélicoptère (360°) main à main.

Ne jetez pas le palonnier d'une main à l'autre mais venez plutôt le chercher avec votre main libre collée au milieu de vos reins.

Vous êtes prêt pour repartir (photo 8). Enchaînez une autre figure grâce à votre appui sur la corde tendue et à votre atterrissage en carres : pourquoi pas le 540° inversé qui va nécessiter une nouvelle position de départ en arrière (back inversé) à l'extérieur de la vague et une rotation en rentrant dans le sillage !

5 *Coupez la vague*

6 *Montez sur 2 pieds*

7 *Effectuez le 540°*

8 *Prêt pour repartir*

NIVEAU	DISCIPLINE
Débutant	Slalom
Moyen	Saut
Bon	**Figures**
Expert	

ZOOM

En l'air, changez de main dans le dos, corps près du palonnier

Ne jetez pas le palonnier d'une main à l'autre.

EN QUELQUES MOTS

Réussir les steps, c'est franchir une grande étape en figures. C'est le témoin de la maîtrise de votre capacité à avancer vers le bateau puisqu'il s'agit de faire non pas une rotation derrière le palonnier (c'était le cas pour les 180° et 360°), mais de partir derrière le palonnier pour venir effectuer une rotation plus en avant, autour du palonnier.

AVANT TOUT

Avant d'essayer les steps, vérifiez bien que vous êtes capable d'évoluer en mono, un pied déchaussé. Beaucoup mieux, vous devez être capable de faire des 180° mono, pied arrière déchaussé. La réussite de cet exercice vous donnera le feu vert pour que vous appreniez les steps.

DANS QUEL BUT ?

Les steps font partie des parcours de compétition de tous les niveaux. Même au plus haut niveau, ils deviennent souvent une liaison d'enchaînement et, surtout, ils sont la base des steps 360° (enroulés, déroulés ou arrière-arrière par la suite).

Attention, la step vague n'est pas si facile, surtout si vous oubliez d'avancer vers le bateau en fin de rotation.

NIVEAU	DISCIPLINE
Débutant	Slalom
Moyen	Saut
Bon	**Figures**
Expert	

EN PRATIQUE

Préparez-vous en équilibre parfait sur un pied, genou poussé vers l'avant, buste droit (**photo 1**).
Vos bras sont allongés, presque totalement dans le prolongement de la corde. Avancez-vous vers le palonnier, jambe libre toujours basse, pied très fléchi. Lorsque l'ensemble de votre corps et votre ski sont nettement avancés, appuyez-vous fortement sur le palonnier pour continuer votre progression vers l'avant afin d'arriver à enjamber ce dernier au moment où vous **débutez votre rotation** (**photo 2**).
Votre genou libre très fléchi passe par-dessus la corde et décrit un arrondi vers l'arrière.
Gardez impérativement votre talon libre sous les fesses.
Terminez la rotation vers l'arrière (**photo 3**) en redescendant votre pied libre vers l'eau. Gardez la tête haute et le buste droit, très rigide.

Préparation

Amorcez votre rotation

Terminez la rotation

EN PRATIQUE

REVENEZ VERS L'AVANT

Contrôlez votre position en marche arrière, buste droit et très rigide. Tout le poids de votre corps doit rester sur le ski.

Bien sûr, vous tenez le palonnier de la main droite lorsque vous êtes en appui sur le ski avec votre jambe gauche.

Reculez vers le bateau en tirant sur le palonnier. Fléchissez au maximum votre jambe libre, talon sous les fesses. Engagez votre rotation simultanément avec le buste et votre pied porteur. Surtout, restez bloqué près du palonnier.

En revenant face au bateau, gardez votre buste rigide et avancez votre bassin et le ski sous le palonnier.

NIVEAU	DISCIPLINE
Débutant	Slalom
Moyen	Saut
Bon	**Figures**
Expert	

ZOOM

Avancez jusqu'au niveau du palonnier

Pensez à votre genou et à votre pied fléchi qui redescendent vers le ski.

LES 180° CORDE AU PIED, SILLAGE ET VAGUE

codification : TB et TWB

EN QUELQUES MOTS

La traction corde au pied n'est pas plus difficile que les tractions corde en main. Simplement différente au niveau des appuis, elle doit être abordée simultanément à l'apprentissage des premières figures en mono.
Avec deux skis, les appuis (au nombre de quatre) sont stables sur les pieds écartés et sont fermes sur les mains.
En mono, les appuis (toujours au nombre de quatre, mais très resserrés au niveau des pieds) permettent de vous stabiliser sur le ski avec les mains.
En corde au pied, les appuis sont réduits à deux et les mains jouent un rôle d'équilibre. Cette situation est très vite maîtrisée avec une pratique régulière.

AVANT TOUT

Cette nouvelle forme d'appui est le support de toute la famille des CP (corde au pied).
Vous devez être très puissant sur votre jambe d'appui avec la chaîne musculaire suivante : mollet, cuisse, fessiers et abdominaux.
Effectuez souvent l'exercice suivant : en mono, corde en main, déchaussez le pied arrière et placez votre jambe libre en situation de CP. Effectuez des flexions de la cheville porteuse et tonifiez vos abdominaux.

DANS QUEL BUT ?

Le 180° CP est une figure dynamique, avec appui constant sur la corde.
Le pied tracteur vous procure 50 % des appuis, ne l'oubliez pas.
Soyez tonique avec vos deux jambes. Vous pourrez ainsi aborder très vite l'aller-retour qui est l'objectif du parcours rythmé.

NIVEAU

Débutant
Moyen
Bon
Expert

DISCIPLINE

Slalom
Saut
Figures

EN PRATIQUE

En position

Tournez

En appui arrière

Les 180° CP sillage et vague sont identiques dans la forme technique.
Vous devez les apprendre presque simultanément.

Le 180° sillage

En position de départ (photo 1), retrouvez toute la tonicité nécessaire, expliquée précédemment. Répartissez également vos appuis sur les deux pieds. Fléchissez complètement la cheville porteuse. Regardez le bateau. Écartez les bras.

Le palonnier doit être à la même hauteur que votre genou porteur.

Pour tourner (photo 2), avancez d'un bloc vers le bateau. "Agrippez-vous" au palonnier avec vos orteils et gardez vos deux chevilles fléchies.

Tournez lentement votre buste et votre ski, pied à plat dans la chausse. Contractez très fort vos abdominaux et amenez votre palonnier vers l'arrière et sur le côté.

Cette dernière action vous permet de finir de vous rapprocher du bateau en fin de rotation. Conservez votre **appui en arrière (photo 3)** grâce à une tenue ferme du palonnier, pointe de pied tournée vers l'eau. Tonifiez l'intérieur de votre cuisse tractrice pour conserver le bassin ouvert et décaler latéralement votre appui. Fléchissez

LES 180° CORDE AU PIED, SILLAGE ET VAGUE

codification : TB et TWB

EN PRATIQUE

Le 180° vague

Apprenez le 180° vague dès que vous maîtrisez :

- la rotation (**photo 2 de la p. 105**) sous forme glissée et en appui constant. Pour cela, faites-la sous forme "d'essuie-glace", cuisse tractrice ouverte, en allant vers le dérapage et en revenant en position de départ,
- la position arrière pendant de longues distances.

Après avoir pris la même position de départ, **accélérez vers la vague** (**photo 2**) ski en prise de carres, grâce à la poussée latérale de votre genou porteur. Avancez fortement en visant un point situé à l'extérieur de la vague, loin en avant sous le palonnier. Gardez le buste face au ski jusqu'à ce que dernier ait coupé totalement la vague.

Tournez en l'air (**photo 3**) en conservant votre buste droit. Conservez un appui solide sur la corde en amenant le palonnier vers l'arrière et l'extérieur.

Votre réception (**photo 4**) en marche arrière sera équilibrée grâce à votre tonicité de buste et à l'unique flexion de votre cheville.

Gardez la corde tendue, pointe de pied tournée vers le bas.

En position

Accélérez vers la vague

Tournez

En appui arrière

NIVEAU

- Débutant
- **Moyen**
- Bon
- Expert

DISCIPLINE

- Slalom
- Saut
- **Figures**

ZOOM

Tournez en l'air après avoir coupé la vague

Gardez la cuisse tractrice tonique et ouverte.

LE 180° CORDE AU PIED INVERSÉ

codification : TB

EN QUELQUES MOTS

L'inversé corde au pied, c'est-à-dire le 180° avant-arrière corde au pied du côté où les jambes se croisent, et son retour immédiat vers l'avant, n'est pas une figure qui s'essaie. C'est une figure qui doit se réussir immédiatement. Non pas qu'elle soit facile, bien au contraire. C'est surtout qu'elle comporte une part de risque très importante. Elle doit être bien préparée et effectuée dans les règles de l'art, avec toutes les conditions de maturité technique et de sécurité requises.
En effet, le fait que les jambes soient croisées vers l'arrière amène, en cas de chute et de blocage du ski dans l'eau, les risques suivants : fracture en torsion du fémur de la jambe porteuse ou arrachement des ligaments croisés du genou de la jambe tractrice.
L'utilisation de la "release" (largage de la corde en cas de chute) est obligatoire.

AVANT TOUT

Pour bien imager cette figure, il faudrait l'appeler 180° corde au pied enroulé dans la corde. En effet, elle fait partie de la seconde catégorie de figures, celles dont la réalisation se termine au niveau du point d'appui, tout comme le step corde en main. Elle fait appel à une notion d'avancée en rotation vers le palonnier supérieure à celle nécessaire aux figures qui se réalisent derrière le palonnier (figures de première catégorie comme les dérapages, 180° et 360° en bi ou mono).
Cette maîtrise de l'avancée en rotation doit être parfaitement acquise.
Apprenez ce 180° enroulé lorsque vous êtes sûr de skier calmement, pied porteur à plat en CP. L'appui talon ou l'appui pointe de pied est synonyme de chute et de danger. Ne courez pas ce risque. Dérapez des centaines de mètres pour vous assurer que vous êtes prêt.

DANS QUEL BUT ?

Le 180° corde au pied inversé fait partie des figures clés car elle ouvre l'accès aux figures suivantes : 360° AR-AR normal et inversé (sillage et vague), 540° AR-AV et AV-AR.
Par ailleurs, elle constitue l'étape indispensable dans la progression vers les figures CP de 3e catégorie, pour lesquelles l'avancée demandée sera telle que le skieur devra effectuer sa figure en avant du palonnier (cas du 360° AV-AV ou des step CP).

Indispensable, sinon "danger"

LE 180° CORDE AU PIED INVERSÉ

codification : TB

EN PRATIQUE

Exercice de simulation

Le 180° inversé se gagne à terre. Il faut avant tout le comprendre, le simuler et en sentir les actions motrices.

Des poteaux repères, placés à côté de vous, vous permettent de réaliser l'importance et la distance nécessaires pour venir vous enrouler dans la corde au niveau du palonnier.

Maintenez votre équilibre (**photo 1**) en ayant la cheville du pied porteur fléchie, tout en vous appuyant sur votre pied tracteur, palonnier enfilé. Soyez assez loin du palonnier.

Simulez l'avancée totale de votre corps (**photo 2**), buste droit, vers le palonnier et imaginez que vous ne commencerez votre rotation vers l'intérieur de votre genou libre que lorsque vous aurez atteint le repère n°2. Le pied tracteur sert de point d'appui et de charnière à votre rotation. Il ne peut pas reculer vers vous.

Finissez votre rotation en étant enroulé (**photo 3**) dans la corde par une progression continue vers le repère n°3 afin de vous placer dos au palonnier que vous avez atteint avec votre jambe porteuse.

Votre pied tracteur a effectué, par la même occasion, une rotation pointe de pied vers le bas.

NIVEAU	DISCIPLINE
Débutant	Slalom
Moyen	Saut
Bon	**Figures**
Expert	

Préparation

Avancez vers le palonnier

Arrivez contre le palonnier

LE 180° CORDE AU PIED INVERSÉ

codification : TB

EN PRATIQUE

Le 180° inversé

Retrouvez la position de départ (**photo 4**) de la simulation. Votre buste est droit, votre dos est plat et vos abdominaux sont contractés. Placez au maximum votre ski à plat en fléchissant votre cheville porteuse. Regardez le bateau. Restez loin du palonnier.

Avancez progressivement vers le bateau dans cette position (**photo 5**). Gardez votre ski à plat et surtout ne commencez pas votre rotation tant que vous n'êtes pas proche du palonnier. Gardez votre dos plat.

Enroulez-vous dans la corde en maintenant un appui très fort sur le palonnier (**photo 6**). C'est votre seule chance de rester en équilibre. La corde est tendue et maintenez-la tendue avec votre coup de pied. Tournez-vous complètement dos au bateau. Surtout gardez votre pied porteur à plat. Dites-vous bien que ce n'est pas fini. **Le retour vers l'avant** fait partie du succès de cette figure. Il est indispensable de le contrôler (**photo 7**).

Gardez un bon appui sur le palonnier, reculez votre ski vers le bateau et tournez-vous très lentement vers l'avant, toujours ski à plat.

4

Préparez-vous

5

Avancez, tournez peu

6

Tournez complètement

7

Retour vers l'avant

NIVEAU	DISCIPLINE
Débutant	Slalom
Moyen	Saut
Bon	**Figures**
Expert	

ZOOM

Tournez complètement les hanches

Retenez-vous au palonnier, ski à plat.

LE 360° CORDE AU PIED DÉROULÉ VAGUE

codification : T W O

EN QUELQUES MOTS

Le 360° corde au pied vague est spectaculaire. Il peut aussi bien être la première figure d'un parcours de niveau moyen qu'une figure parmi l'ensemble des figures d'un parcours de haut niveau. Dans les deux cas, sa perfection est indispensable, non pas pour satisfaire le côté esthétique, mais pour que la fin de son exécution soit la plus propice possible à l'enchaînement d'une autre figure CP dans le parcours.

AVANT TOUT

Il est logique que vous soyez imparable d'abord sur l'exécution du 360° CP déroulé sillage, de la façon suivante :

- **Préparez-vous (photo 1)**. Soyez très fléchi sur la cheville porteuse et placez votre buste et votre bassin "gainé" au-dessus de celle-ci. Tenez la corde avec votre main côté pied porteur et vérifiez que vos épaules soient horizontales.
- **Déclenchez la rotation (photo 2)** avec votre ski, tout en conservant le plus longtemps possible votre appui sur la corde.
- **Tournez d'un bloc (photo 3)** avec votre corps très tonique. Les épaules, les hanches et le ski tournent ensemble. Conservez le genou tracteur très fléchi pour garder le palonnier vers vous.
- **Terminez en appui (photo 4)** sur la corde. Votre équilibre au-dessus du pied vous permet d'enchaîner une autre figure grâce à la tension de la corde.

DANS QUEL BUT ?

Le 360° sillage n'est pas une fin en soi. Il faut le considérer comme un maillon indestructible d'une chaîne de figures.

Cette figure de base, qui peut se décliner en 540° sillage, est bien sûr la préparation du 360° vague, lui-même utilisé très souvent comme liaison pour amener une série de steps corde au pied.

NIVEAU	DISCIPLINE
Débutant	Slalom
Moyen	Saut
Bon	Figures
Expert	

1

Préparez-vous

2

Déclenchez

3

Tournez en bloc

4

Terminez corde tendue

LE 360° CORDE AU PIED DÉROULÉ VAGUE

codification : T W O

EN PRATIQUE

VOUS VOILÀ PRÊT POUR LE 360° C.P VAGUE

Attaquez la vague (photo 5) après une préparation identique à celle d'un 360° sillage. Prenez le maximum de carres en avançant le bassin vers la vague, cheville très fléchie. Gardez le plus longtemps possible votre appui sur la corde, avec votre main.
Lancez la rotation (photo 6) avec vos hanches, tout en gardant votre main sur la corde pour vous équilibrer le plus tard possible, même encore lorsque vous êtes dos au bateau.
Effectuez votre rotation (photo 7) simultanément avec votre ski, vos hanches et vos épaules.
Gardez votre buste solide et droit. Regardez le bateau au plus tôt.
Contrôlez votre appui sur la corde grâce au maintien fléchi de votre jambe libre.
Réceptionnez-vous (photo 8) en carres pour pouvoir repartir vers une autre figure. Tendez la corde en rentrant votre genou libre.

Prise de vague en carres

Lancez les hanches

Tournez droit

Réception en appui

NIVEAU	DISCIPLINE
Débutant	Slalom
Moyen	Saut
Bon	**Figures**
Expert	

ZOOM

Effectuez votre rotation d'un bloc

Fléchissez cheville et genou du pied tracteur.

LE 360° CORDE AU PIED ENROULÉ

codification : T O

EN QUELQUES MOTS

Le 360° corde au pied enroulé est la figure qui fait la différence entre les bons skieurs et les experts. Le 360° corde au pied enroulé ouvre la porte aux scores supérieurs à 5 000 points par l'acquisition du 720° et du 540° arrière-avant. C'est donc aussi une figure clé en soi.
Il doit être exécuté parfaitement et appris avec calme et méthode car la part de risque de blessure y est importante. Un expert doit aussi être du côté de la release. Attention ! la release est une mesure d'urgence et ne doit pas être considérée comme une parade utilisable à tout moment.

AVANT TOUT

Vous devez être prêt pour réaliser le 360° corde au pied enroulé. Ne l'essayez jamais pour voir : vous ne le ferez pas et vous risquez de vous faire très mal. Apprendre l'enroulé signifie que vous savez skier parfaitement à plat sur l'eau, en appui constant sur la corde, avec une position idéale de votre bassin, en rotation simultanée de l'ensemble buste-bassin-ski.
Maîtrisez d'abord parfaitement les dérapages des deux côtés, les deux arrière-arrière glissés... et tout bêtement les 180° simples au cours desquels vous faites preuve d'une avancée au bateau au-dessus de tout soupçon !

DANS QUEL BUT ?

Le 180° corde au pied enroulé est une figure fragile. Comprenez par là qu'elle est très difficile à maîtriser en cas de vent de face ou de dos et que la chute est imparable en cas de léger déséquilibre arrière au départ.
Présent souvent trois fois sous trois formes différentes pendant un parcours d'expert (360° enroulé simple, 720° ou 540° arrière-avant), il ne doit pas être une source de doute ou de légère imperfection.
Plusieurs années sont nécessaires avant de le mettre en parcours.
L'essayer en fin de parcours corde au pied n'est pas une bonne solution car il y est souvent raté après 20 secondes où la fatigue s'instaure, accompagnée d'un déséquilibre arrière fort probable. Apprenez-le, réussissez-le pour accéder au club fermé des vrais figuristes.

NIVEAU

- Débutant
- Moyen
- Bon
- **Expert**

DISCIPLINE

- Slalom
- Saut
- **Figures**

EN PRATIQUE

Exercice de simulation

Le 360° corde au pied enroulé doit être d'abord bien compris (analyse de cassettes et de photos) et ensuite simulé avec les repères bien nets des points de progression vers l'avant.

La position de départ (**photo 1**), loin du palonnier, permet de vérifier que le ski est à plat, cheville porteuse fléchie, et que le bassin est gainé.

Prenez conscience de l'**avancée** nécessaire vers le **palonnier** (**photo 2**) en zone 1 avant d'effectuer toute rotation.

Ce n'est qu'en zone 2 que le début de la rotation (**photo 3**) commence, avec une intensification de l'appui sur la corde pour continuer à progresser vers le bateau.

L'enroulé (**photo 4**) dans la corde n'est possible qu'en zone 3. Il faut y venir ! Retenez de la simulation :

- l'obligation de venir en zone 3,
- l'action musculaire intense de la jambe tractrice pour avancer aussi loin.

En position de départ

Avancez vers le palonnier

Début de la rotation

Enroulez-vous

LE 360° CORDE AU PIED ENROULÉ

codification : T O

EN PRATIQUE

Le 360° enroulé

Préparez-vous (photo 5) loin du palonnier. Regardez le bateau. Ne soyez pas assis, en appui talon.
Commencez votre **avancée vers le bateau (photo 6)** en utilisant votre jambe tractrice, genou dans l'axe. Avancez avec tout le corps, buste droit. Restez bien face au bateau.
Amorcez votre rotation (photo 7) simultanément avec la jambe tractrice et votre bassin. Ne donnez pas d'élan avec votre buste et continuez votre progression vers la zone 3 en utilisant fermement votre appui sur le palonnier.
Avancez votre bassin pour rester en appui sur le milieu du ski et **finissez votre rotation (photo 8)** en regardant le bateau.
Gardez votre équilibre grâce à la tension de la corde qui a été ferme mais progressive jusqu'à ce moment-là. Fléchissez la cheville porteuse.

Préparez-vous

Avancez vers le bateau

Amorcez la rotation

Finissez votre rotation

NIVEAU	DISCIPLINE	ZOOM
Débutant Moyen Bon **Expert**	Slalom Saut **Figures**	Allez vous enrouler en avant du palonnier

Continuez à avancer d'un bloc, en appui sur la corde.

LE STEP CORDE AU PIED

codification : T W L B

EN QUELQUES MOTS

Inventé dans les années 80, le step corde au pied, appelé aussi "line CP", a ouvert la voie à une série de figures dont la déclinaison est très spectaculaire.
Vous pourrez un jour les aborder si vous maîtrisez parfaitement le step de base, c'est-à-dire le 180° avant-arrière en rentrant dans la vague. Vous accédez à la partie des figures CP vous demandant l'avancée au bateau la plus élaborée, celle qui vous est nécessaire pour porter votre ski devant le point d'appui du palonnier.

AVANT TOUT

Voici les conditions que vous devez réunir avant d'aborder son apprentissage en toute sécurité :

- vous devez être capable de maîtriser les avancées corde au pied de deuxième niveau, c'est-à-dire celles qui vous sont nécessaires pour venir au niveau du palonnier (le 180° CP inversé), avant de les prolonger encore plus.
- votre matériel doit être du niveau de cette figure :
  - sangle derrière votre talon pour que vous puissiez utiliser votre palonnier en traction,
  - release en bon état sur le mât du bateau,
  - ... et un entraîneur compétent capable de manipuler cette dernière

DANS QUEL BUT ?

Exercez-vous dans le sillage pour apprendre l'avancée nécessaire au step que vous simulez dans une situation plus facile car votre ski sera à plat et glissera sur l'eau, tout en restant dans l'axe de traction.
Effectuez des avancées au bateau (photo 1) en cherchant à rester simplement en équilibre. Vous devez arriver à porter votre ski en avant du palonnier et à rester le plus longtemps possible ainsi. Seule une traction progressive de votre jambe libre permettra cette avancée.
Réalisez une rotation glissée (photo 2) de votre ski par-dessus la corde grâce à une action très nette de votre bassin qui effectue 180°. Votre buste est solide et le gainage de votre bassin va vous permettre de conserver l'appui solide sur le palonnier. Votre pied tracteur reste fléchi.
Contrôlez votre équilibre en arrière (photo 3) en ramenant fermement vers vous le palonnier. Gardez votre pied tracteur fléchi et contenez la tension de la corde en tonifiant au maximum votre corps, bras écartés.

NIVEAU	DISCIPLINE
Débutant	Slalom
Moyen	Saut
Bon	**Figures**
Expert	

Avancez dans l'axe

Rotation glissée

En équilibre arrière

LE STEP CORDE AU PIED

codification : T W L B

EN PRATIQUE

Placez-vous à l'extérieur du sillage, du côté permettant à votre jambe tractrice de se trouver entre la vague et votre ski.

Préparez-vous à la prise d'élan (**photo 4**) en restant proche de la vague, jambe tractrice allongée. Écartez-vous ainsi vers l'extérieur de telle sorte que votre pied soit loin de vous, au moment où vous allez changer de carres pour revenir vers la vague.

Attaquez la vague (**photo 5**) en vous rapprochant du palonnier. Vous effectuez une avancée progressive en tirant sur le palonnier et en avançant simultanément votre ski en prise de carres vers la vague. Gardez votre corps face au bateau.

Coupez nettement la vague (**photo 6**) en avançant toujours votre ski vers un point situé sur la corde en avant de votre palonnier. Votre appui sur ce dernier est de plus en plus puissant. Le choc de votre ski en carres avec la vague et la détente de votre jambe porteuse vont vous placer en phase aérienne.

Stepez (**photo 7**) en effectuant une rotation globale de tout votre corps, bassin gainé. Votre ski reste en carres, la cheville et le genou au-dessus de ce dernier se fléchissent légèrement et l'accompagnent jusqu'en arrière.
Ne relâchez pas la tension de la corde sur le palonnier.

Équilibrez-vous en arrière (**photo 8**) de la même façon que lors de l'exercice de simulation dans le sillage. Gardez votre regard très haut.
Ayez confiance en vous. Le choc de la corde sur votre coup de pied n'est pas dangereux !

Préparez-vous

Attaquez la vague

NIVEAU

Débutant
Moyen
Bon
Expert

DISCIPLINE

Slalom
Saut
Figures

ZOOM

Le step est un 180° du ski. Tournez-le jusqu'en arrière

Coupez en avançant

Stepez

Équilibrez-vous en arrière

Conservez la plus grande tension sur le palonnier.

LE STEP FRONT - codification : W L O

EN QUELQUES MOTS

Très souvent placé en première figure d'un parcours de compétition, le step 360° avant-avant vague appelé step front, doit être une figure rapide et dotée d'un taux de réussite de 100 %. Il est aussi un élément rapide à l'intérieur d'un parcours. D'une valeur de 200 points, il doit être exécuté à la perfection pour vous donner, dans ces deux cas, un enchaînement parfait avec les figures qui suivent.

AVANT TOUT

Sa bonne réalisation dépend totalement de votre équilibre aérien au moment du passage en position arrière. Cet équilibre est le résultat de l'utilisation de votre point d'appui sur la corde au moment du déclenchement de la figure. Pour maîtriser ce secteur précis, un exercice devient indispensable : le travail du point d'appui dans le sillage en soignant les positions.

Préparez-vous (**photo 1**). Mettez-vous en position de step dans le sillage en tenant la corde assez loin avec votre coude fléchi au corps.

Glissez d'un bloc (**photo 2**) en vous tenant fortement à la corde. Tout en gardant le buste droit, rapprochez-vous du point d'appui en effectuant une importante rotation de la main et du bras.

Tenez-vous droit en arrière (**photo 3**) en plaçant la main, qui tient toujours la corde très fortement, au milieu de votre dos plat.

Revenez vers l'avant et répétez souvent cet exercice jusqu'à ce que vous le fassiez en glissant très lentement d'avant en arrière et vice versa.

DANS QUEL BUT ?

Le step front est une figure de base qui va se décliner en step vague 540° arrière avant, ou en step front enroulé dans la corde. Il est toujours au centre d'une rotation très rapide. Son équilibre parfait est indispensable.

NIVEAU	DISCIPLINE
Débutant	Slalom
Moyen	Saut
Bon	Figures
Expert	

Préparez-vous

Glissez d'un bloc

Tenez-vous droit

LE STEP FRONT - codification : W L O

EN PRATIQUE

Attaquez vers l'avant (photo 4) la vague en conservant la position de départ répétée dans l'exercice précédent. Seule compte la prise de carres très prononcée au sommet de la vague. Conservez votre position face au bateau, corde tenue très fortement en main.
Déclenchez la rotation (photo 5) dès que votre ski sort de la vague et gardez la main sur la corde. C'est elle qui va vous donner votre équilibre et vous permettre de venir contre le palonnier avec vos hanches.
Effectuez le 360° (photo 6) en tonifiant votre buste et en fléchissant très fortement le genou de votre jambe libre.
Votre axe de rotation passe par la colonne vertébrale. Restez près du palonnier.
Finissez à deux mains (photo 7) avant même que votre ski ne retouche l'eau.
La tension de la corde, la tonicité de votre buste et la flexion du genou libre sont les garanties de votre équilibre final.

Attaquez vers l'avant

Déclenchez

Le step 360°

Finissez à deux mains

NIVEAU	DISCIPLINE	ZOOM
Débutant	Slalom	Tonifiez votre axe de rotation
Moyen	Saut	
Bon	**Figures**	
Expert		

Lâchez la corde le plus tard possible.

EN QUELQUES MOTS

Exécuter le step main consiste à entrer dans le club des spécialistes internationaux de figures. Inventée par Patrice Martin, cette difficulté de très haut niveau ouvre la porte à des scores qui étaient impensables il y a encore 10 ans.
Figure très spectaculaire, elle ne peut être exécutée que par des skieurs puissants, rapides et athlétiques. Il y a seulement 10 ans, on disait que les figures étaient le domaine réservé des gamins. Certes, cette discipline est toujours aujourd'hui une discipline acrobatique à maturité précoce, mais elle fait appel dans son évolution à des qualités sportives de haut rang.
Le step main est réservé à des athlètes explosifs qui développent actuellement les figures dans une direction époustouflante.

AVANT TOUT

Le step main est, sous sa forme la plus simple, exécuté en 180° avant-arrière.
Il nécessite un passage au-dessus de la corde, en avant du palonnier, du ski chaussé des deux pieds. Ce passage se trouve en zone 2 des avancées au bateau (relisez les explications dans le chapitre "360° corde au pied enroulé"). Il faut y venir !... En corde en main, l'exercice s'avère encore plus difficile car l'appui constant sur la corde est bien plus dur à maintenir.
Le step main ne s'essaie pas n'importe quand. Soyez fort sur les figures nécessitant une avancée du corps au niveau du palonnier (step normal, corde au pied inversé) avant d'accéder aux figures exécutées en avant du palonnier (step corde au pied, step main).

DANS QUEL BUT ?

Le step main 180° n'est qu'une figure clé donnant accès à toute la famille des "body's" (en jargon du ski), c'est-à-dire les ski line 360°, 540° et 720° avant-arrière et arrière-avant.
Et les "body's" rapportent gros : de 350 points pour le 180° avant-arrière, à 700 points pour les 720°.
Voilà pourquoi vous devez l'effectuer parfaitement avant de le décliner.
Cette perfection vient bien sûr de votre prise de vague et de votre capacité à avancer en l'air.

NIVEAU	DISCIPLINE
Débutant	Slalom
Moyen	Saut
Bon	Figures
Expert	

EN PRATIQUE

Préparez-vous (photo 1). Placez-vous à l'extérieur de la vague et restez assez proche de cette dernière. Soyez décontracté, poids du corps réparti également sur les deux pieds, buste droit.
Regardez le sommet de la vague.
Élancez-vous (photo 2). Pour cela, écartez-vous de la vague pour ensuite revenir très vite vers cette dernière, en forte prise de carres.
Pendant cette accélération, allongez les bras et fléchissez fortement sur vos jambes. Votre buste peut être cassé vers l'avant.
Percutez la vague (photo 3). Avec le maximum de prise de carres, détendez-vous vers le bateau avec votre poids du corps sur les deux pieds. C'est le moment crucial de l'avancée en zone 2 en avant du palonnier. Pour cela, aidez-vous des bras en tirant fortement dessus. Montez le plus possible votre buste, dos plat.

Préparez-vous

Élancez-vous

Percutez la vague

LE STEP MAIN - codification : W L B

EN PRATIQUE

Amorcez déjà la rotation en faisant face au palonnier.
Le step est là (photo 4). Continuez simultanément :
- votre progression en zone 2,
- votre appui très ferme sur le palonnier,
- votre montée du buste,
- votre rotation avec les hanches.

Finissez le step en **équilibrant votre réception sur l'eau (photo 5)**. Gardez le dos plat, le poids du corps sur les deux pieds et lâchez la main initialement côté bateau. Regardez vers l'horizon en arrière.
Retournez face au bateau (photo 6). Le 180° step main se prolonge obligatoirement par un retour face au bateau au moment où la corde se retend.
Soyez prêt à résister à cette tension. Bloquez les bras au corps. Orientez l'ensemble de votre corps face au bateau et contractez solidement les abdominaux.

Le step

Équilibrez-vous en arrière

Retournez face au bateau

NIVEAU

Débutant
Moyen
Bon
Expert

DISCIPLINE

Slalom
Saut
Figures

ZOOM

Toutes les actions sont simultanées

Allez devant, tirez sur les bras, montez, tournez.

LE PARCOURS DE FIGURES

EN QUELQUES MOTS

Les figures vous passionnent. Voici le moment venu de vous inscrire à votre première compétition. Vous entrez dans un monde où les règles sont strictes. Immédiatement, vous êtes confronté à la constitution de votre parcours de figures et à sa retranscription sur papier pour la présenter au jury de l'épreuve.

AVANT TOUT

L'épreuve de figures n'est pas une loterie. Vous devez y exécuter les figures que vous connaissez dans un ensemble parfait que vous avez bien répété. N'essayez pas des difficultés que vous ne maîtrisez pas ! D'une part, cela ne marchera pas, d'autre part, vous perdrez du temps pour rien.
Tout ce que vous faites en parcours doit être connu à 120 %. Votre niveau fictif est certainement supérieur, grâce à quelques réalisations pas encore assurées à 100 %. Ces figures sont pour votre parcours de l'année prochaine.

DANS QUEL BUT ?

Le 100 % de réussite est l'objectif de vos parcours de figures en compétition.

EN PRATIQUE

Se préparer à l'entraînement

Apprendre des figures, c'est bien. Apprendre et répéter les figures par séquences, c'est mieux. Répéter votre parcours de figures à l'approche des compétitions est indispensable. Faites-vous une règle des quelques principes suivants et vous serez toujours prêt en compétition. •La première figure de chacun de vos deux parcours doit être connue depuis très longtemps et sûre à 120 %, même dans des conditions de plan d'eau difficiles. •Répétez très souvent vos deux parcours dans leur ensemble. Ne faite que ça à l'approche de l'épreuve. •Faites chronométrer vos parcours pour connaître leur durée exacte et évitez de vous presser inutilement.
•Prenez l'habitude d'inverser vos parcours. •Si vous faites des figures inversées, elles doivent suivre obligatoirement l'original (un 180° de position est toléré pour les 540°). •Si vous devez déchausser le pied arrière (pour les steps ou les CP), ne mettez pas ensuite des figures pour lesquelles vous devez rechausser. Vous allez perdre du temps. Commencez plutôt par les steps ou les CP ! •Rappelez-vous que les figures ne comptent qu'une fois. Leur répétition est une perte de temps. •Si votre première figure est une figure vague, le chronomètre ne sera déclenché que lorsque vous franchirez la vague. C'est un bon gain de temps. Surtout, soignez votre rythme d'enchaînement.

NIVEAU	DISCIPLINE
Débutant	Slalom
Moyen	Saut
Bon	**Figures**
Expert	

LE RÈGLEMENT

- Le dépôt écrit de votre parcours est obligatoire avant l'épreuve.
- Vous devez exécuter vos parcours tels que vous les avez écrits, en respectant l'ordre prévu.
- Lorsque vous écrivez une figure inversée, rappelez-vous qu'elle doit suivre l'originale et qu'elle doit être précédée de la mention R (reverse en anglais).

LA CODIFICATION DES FIGURES

A chaque figure correspond un code. Ce code est un rappel des initiales de la description de ces dernières en anglais.
Vous devez obligatoirement utiliser ce code pour la rédaction de votre parcours.
L'exemple des deux parcours présentés page suivante va vous familiariser avec la forme à employer.
De même, le tableau général des codifications vous présente la correspondance avec le code officiel et la description française imagée (les positions de départ et d'arrivée : AV ou AR ; le style de rotation : 180°, 360°, 540° ou 740° et le style de traction : step, corde au pied).
La valeur de chaque figure en points fait l'objet d'un tableau plus complexe dont la présence n'est pas utile dans cet ouvrage.
Enfin, vous pouvez noter que le code de chaque figure décrite dans cet ouvrage est mentionné sous chaque titre.

EXEMPLE

1er parcours	2e parcours
WLO	T5B
WLB	TBB
LF	TBB
LB	TF
WLF	TWB
B	TWF
WBB	TS
WBB	TS
BB	TO
BB	TO
W5F	TB
B	T5F
W5F	TWO
WO	

NIVEAU
Débutant
Moyen
Bon
Expert

DISCIPLINE
Slalom
Saut
Figures

CODIFICATION DES FIGURES

Figures glisses		Figures vagues			
Code	**Description**	WB	180 AV-AR	TW5F	540 C. Pied AR-Av
S	Dérapage	WF	180 AR-AV	TW5B	540 C. Pied AV-AR
TS	Dérapage C. Pied	WO	360 AV-AV	TW7F	720 C. Pied AV-AV
B	180 AV-AR	WBB	360 AR-AR	TW7B	720 C. Pied AR-AR
F	180 AR-AV	W5B	540 AV-AR	TWLB	180 Step CP AV-AR
O	360 AV-AV	W5F	540 AR-AV	TWLF	180 Step CP AR-AV
BB	360 AR-AR	W7F	720 AV-AV	TWLO	360 Step CP AV-AV
5B	540 AV-AR	W7B	720 AR-AR	TWLBB	360 Step CP AR-AR
5F	540 AR-AV	W9B	900 AV-AR	TWL5B	540 Step CP AV-AR
7F	720 AV-AV	W9F	900 AR-AV	TWL5F	540 Step CP AR-AV
7B	720 AR-AR				
		WLB	180 Step AV-AR	WFLIPF	Saut Périlleux AV
LB	180 Step AV-AR	WLF	180 Step AR-AV	WFLIPB	Saut Périlleux AR
LF	180 Step AR-AV	WLO	360 Step AV-AV	SLB	Ski-Line AV-AR
		WLBB	360 Step AR-AR	SLF	Ski-Line AR-AV
TB	180 C. Pied AV-AR	WL5B	540 Step AV-AR	SLO	360 Ski-Line AV-AV
TF	180 C. Pied AR-AV	WL5LB	540 Double St AV-AR	SLBB	360 Ski-Line AR-AR
TO	360 C. Pied AV-AV	WL7F	720 Step AV-AV	SL5B	540 Ski-Line AV-AR
TBB	360 C. Pied AR-AR	WL9B	900 Step AV-AR	SL5F	540 Ski-Line AR-AV
T5B	540 C. Pied AV-AR	WL5F	540 Step AR-AV	SL7B	720 Ski-Line AR-AR
T7F	720 C. Pied AV-AV	WL5LF	540 Double St AR-AV	SL7F	720 Ski-Line AV-AV
T5F	540 C. Pied AR-AV	WL7B	720 Step AR-AR	WDFLIPB	Double saut Périlleux
		WL9F	900 Step AR-AV		
		TWB	180 C. Pied AV-AR	WFLIPBFT	Flip Vrillé
		TWF	180 C. Pied AR-AV	WFLIPBBT	Flip Vrillé
		TWO	360 C. Pied AV-AV	WFLIPBFB	Flip Demi-Vrillé
		TWBB	360 C. Pied AR-AR		

Le saut

LES PREMIERS SAUTS

EN QUELQUES MOTS

Décider de sauter signifie de vouloir accéder à la famille des compétiteurs, avec ceux qui peuvent dire : "je fais du ski nautique, du slalom, des figures... et du saut".

Félicitations pour votre tempérament. Mais ne soyez pas trop impulsif, suivez à la lettre tous les conseils des spécialistes.

AVANT TOUT

Faites confiance à votre moniteur et ayez confiance en vous-même. L'apprentissage du saut n'est ni plus ni moins compliqué que celui du slalom et des figures. Il nécessite aussi des étapes et est constitué de progressions. Surtout respectez-les.

C'est votre moniteur qui jugera si vous pouvez effectuer vos premiers sauts.

Il jugera de votre tonicité, de votre équilibre et de votre habilité générale sanctionnée par le test "3 vagues".

DANS QUEL BUT ?

Lors des premiers sauts, il faut éliminer la traction latérale du bateau (puisque ce dernier ne saute pas et passe à droite du tremplin !).

Pour cela, vos premiers sauts doivent vous permettre de faire connaissance avec le tremplin et d'être à l'aise aussi bien dessus que lors de la réception sur l'eau.

Ces premiers passages seront facilités par la hauteur réduite du tremplin réglé à 1,35 mètre.

NIVEAU	DISCIPLINE
Débutant	Slalom
Moyen	**Saut**
Bon	Figures
Expert	

EN PRATIQUE

Oubliez la notion de détente qui accompagne le saut mais concentrez-vous sur une attitude tonique et équilibrée pendant vos cinquante premiers sauts.
Votre équilibre sera facilité par une trajectoire rentrante, vous permettant d'effectuer une réception proche de l'axe de traction du bateau.
Le pilote passera à 3 mètres à droite et parallèlement au tremplin, avec une vitesse de 40 km/h.

EN PRATIQUE

Écartez-vous du tremplin (**photo 1**).
100 mètres avant le tremplin, changez nettement de direction vers la gauche de telle sorte que vous soyez, non pas en face du tremplin, mais beaucoup plus loin que l'alignement de son bord gauche. Vous vous êtes écarté comme si vous vouliez passer à l'extérieur du tremplin, du côté gauche.

Écartez-vous du tremplin

Revenez vers le tremplin (**photo 2**).
Dix mètres avant le tremplin, changez nettement de direction vers la droite et revenez vers celui-ci.
Prenez la position "gelée" pour traverser le tremplin de gauche à droite :

- tête droite - buste droit - bassin solidaire et aligné avec le buste - poids du corps sur les deux pieds - genoux poussés vers l'avant - palonnier bloqué au bassin, main droite en bas.

Traversez de gauche à droite

Sur le tremplin, ne modifiez pas votre position.
Votre traversée oblique vers la droite vous permet de rester face à la traction du bateau et de conserver votre équilibre avec le poids du corps réparti également sur les deux skis.
Restez tonique et regardez d'abord le sommet à droite du tremplin puis, en l'air, loin à l'horizon à droite.

Sortez vers la droite (**photo 3**) en vous laissant tirer par la corde vers le bateau, palonnier bloqué au corps. Regardez toujours loin devant le bateau. Préparez-vous à atterrir en anticipant la flexion des chevilles et des genoux.

Sortez vers la droite

NIVEAU

- **Débutant**
- Moyen
- Bon
- Expert

DISCIPLINE

- Slalom
- **Saut**
- Figures

ZOOM

Sortez du tremplin vers la droite

Gardez votre buste très tonique, bras bloqués au corps.

LA DEMI-COUPE

EN QUELQUES MOTS

Réussir vos premiers sauts sans tomber constituait votre objectif de débutant. Maintenant que vous passez sur le tremplin en parfait équilibre, vous voulez sauter loin. Pour cela, une seule règle : progressivement, apprenez d'abord à accélérer et ensuite à presser sur le tremplin. C'est la demi-coupe que vous devez apprendre en premier.

AVANT TOUT

Pour accélérer, il faut que vous partiez de l'extérieur à gauche du sillage (ou bien de l'intérieur de ce dernier) et que vous cherchiez à augmenter votre vitesse pour qu'elle soit maximale au moment du contact des skis avec le tremplin.

Vous devez donc effectuer un net changement de direction pour vous trouver sur la trajectoire favorable à cette prise de vitesse.

DANS QUEL BUT ?

Ce changement de direction a un double but : une vitesse maximale et un équilibre général sur le milieu du ski droit en fin de zone d'accélération, à l'attaque du tremplin.

Attention ! ces deux points ne peuvent se concrétiser que si le départ de la demi-coupe est réalisé sans erreur.

NIVEAU	DISCIPLINE
Débutant	Slalom
Moyen	**Saut**
Bon	Figures
Expert	

EN PRATIQUE

Préparez-vous (photo 1).
En partant à l'intérieur du sillage, placez-vous contre la vague de gauche. Soyez en équilibre sur les deux skis à plat. Gardez le buste droit, les bras allongés, les chevilles et les genoux souples. Estimez la distance qui vous sépare du tremplin pour que vous puissiez décider tout seul à quel moment changer de direction vers ce dernier.
Vérifier la bonne prise du palonnier : main droite en bas (en pronation), main gauche en haut (en supination).
Écartez-vous (photo 2).
Pour préparer l'appui dominant sur le ski droit pendant l'accélération, écartez-vous dans le sillage vers la droite. Utilisez le ski gauche, en prise de carres complète, pour traverser l'intérieur du sillage vers la droite.

Préparez-vous

Écartez-vous

LA DEMI-COUPE

EN PRATIQUE

Tournez (photo 3).
Le changement de direction vers le tremplin s'effectue contre la vague de droite. Reportez tout le poids du corps sur le ski droit préalablement placé en prise de carres et tournez-le. Gardez-le enfoncé dans l'eau jusqu'à la spatule en poussant le genou droit vers l'avant, pendant le changement de direction.
Tout le poids du corps est sur le ski droit en carres.
Tournez tout votre corps, face à la direction la plus divergente possible par rapport à celle du bateau. Visez le coin inférieur gauche du tremplin.
Coupez la vague (photo 4).
Coupez la vague gauche avec toute la longueur du ski droit et préparez-vous à prendre de la vitesse. Gardez le buste droit. Appuyez-vous sur toute la carre du ski droit et repoussez votre bassin vers la gauche afin de le garder parallèle à la surface de l'eau.
Au contact du tremplin (photo 5).
Résistez à la traction latérale de la corde en regardant en haut et à gauche du tremplin. Gardez la tension de la corde en bloquant les coudes au corps. Grandissez-vous au-dessus du palonnier.

Tournez

Coupez la vague

Résistez

NIVEAU	DISCIPLINE
Débutant	Slalom
Moyen	**Saut**
Bon	Figures
Expert	

ZOOM

Redressez votre buste en vous repoussant sur le ski droit

Le ski droit coupe la vague le premier.

LE VIRAGE FINAL

EN QUELQUES MOTS

Le virage final est celui qui, loin à droite à l'opposé du tremplin, vous permet de trouver le meilleur moment et le meilleur endroit pour démarrer votre élan (seconde coupe) vers le tremplin. Il constitue le point le plus délicat du saut. C'est à ce moment-là que vous décidez du meilleur moment pour accélérer.

AVANT TOUT

Le virage final doit... ou devrait se faire toujours au même endroit. De ce point identique, on pourra ajuster le moment du départ qui variera sensiblement selon les conditions de vent, de plan d'eau ou de votre forme.

Vous devez être capable d'aller toujours au même endroit. Ceci est le résultat d'un autre travail, celui de la première coupe (de gauche à droite).

DANS QUEL BUT ?

C'est à cet endroit-là que vous vous dotez de la plus grande confiance. Après ce moment-là, vous ne pourrez plus changer votre trajectoire qui sera correcte ou qui vous amènera trop tôt ou bien trop tard au pied du tremplin.

EN PRATIQUE

ALLEZ-Y

Avant le virage, **pensez à vous écarter vers la droite** (**photo 1**). Si vous attendez en ligne droite, passivement, vous allez reculer (c'est une façon d'expliquer que vous allez revenir derrière le bateau). Gardez franchement votre poids sur le ski gauche, orienté à droite en prise de carres.

Arrondissez votre virage (**photo 2**) par transfert du poids du corps sur le ski droit, en carres gauche.

Gardez votre buste droit.

Ne vous précipitez pas sur le palonnier. Votre main droite viendra naturellement reprendre le palonnier en fin de rotation de votre corps et de votre buste.

Votre tête reste droite. Vos épaules sont horizontales. Regardez bien le bas du tremplin.

NIVEAU	DISCIPLINE
Débutant	Slalom
Moyen	**Saut**
Bon	Figures
Expert	

Écartez-vous à droite

Arrondissez votre virage

EN PRATIQUE

Après ce net changement de direction, **débutez votre accélération** (**photo 3**) par une prise de vitesse surtout impulsée par la reprise de tension de la corde.
Inscrivez bien vos skis sur la nouvelle trajectoire.
Regardez toujours le bas du tremplin.
Continuez à accélérer (**photo 4**) en utilisant vos jambes et surtout en vous repoussant de tout votre poids sur la jambe droite.
Tout en centrant votre appui sur le milieu du ski droit, éloignez au maximum votre buste et votre épaule gauche du palonnier.

Débutez votre accélération

Continuez à accélérer

NIVEAU	DISCIPLINE
Débutant	Slalom
Moyen	**Saut**
Bon	Figures
Expert	

ZOOM

Tournez lentement

Tournez le ski droit en poussant la spatule vers l'avant.

LA COUPE FINALE

EN QUELQUES MOTS

Toutes les phases du saut sont toujours conditionnées par la bonne exécution de la phase précédente. Bien passer sur le tremplin, tel est votre objectif : soyez intransigeant sur l'attitude d'approche, c'est-à-dire pendant la coupe finale (trajectoire accélérée vers le tremplin au cours de laquelle vous traversez en coupant les vagues).

AVANT TOUT

Votre équilibre antérieuro-postérieur à grande vitesse doit être impeccable. La capacité à centrer le poids du corps au milieu de vos skis, ainsi que la maîtrise de l'indépendance des jambes et du report du poids du corps sur un seul ski est la condition de la réussite en saut. Pour cela, un test... et un seul : être capable d'évoluer avec un seul ski au pied droit.

DANS QUEL BUT ?

La coupe finale se faisant toujours de droite à gauche vers le tremplin, le poids du corps est en totalité porté sur le ski droit à ce moment-là. L'exercice de placement consiste à évoluer avec le seul ski droit chaussé.

NIVEAU	DISCIPLINE
Débutant	Slalom
Moyen	**Saut**
Bon	Figures
Expert	

EN PRATIQUE

Exercice de placement

Ne soyez pas effrayé, l'exercice est facile. Vous n'êtes pas obligé de le faire à grande vitesse, mais il est important que votre trajectoire vous amène rapidement à couper les vagues.

Chaussé du ski droit, gardez le buste droit et placez-vous à l'extérieur du sillage, le plus loin possible à droite. **Effectuez un virage très marqué** (**photo 1**) par un changement de carres important afin d'être face aux vagues. Effectuez une rotation complète du corps.

Le poids du corps bien centré sur le pied droit (**photo 2**), tonifiez au maximum votre buste et ne fléchissez que la cheville droite en poussant le genou droit vers l'avant. Dans cette position et sur cette trajectoire coupant les vagues, accélérez au maximum en éloignant le buste du palonnier.

Exercice de placement

Exercice de placement

LA COUPE FINALE

EN PRATIQUE

En coupe finale, accélérez vers le tremplin

Votre placement pendant l'accélération dépendra de la parfaite exécution de votre virage. Contrôlez à nouveau votre virage et son "contre-virage" avec appui sur le ski gauche, avant le report du poids du corps sur le ski droit que vous tournez nettement vers la gauche.

En sortie de virage (**photo 3**), tout en gardant la totalité du poids du corps sur le milieu du ski droit, accentuez la prise de carres et tournez le buste, épaules presque horizontales. Continuez à braquer le ski droit.

Accélérez fort (**photo 4**) pour aller couper les vagues.

Repoussez-vous sur la jambe droite et utilisez au maximum votre dos pour tirer sur le palonnier, par l'intermédiaire de vos bras.

La plus grande partie de l'effort se concentre sur le bras gauche.

Soyez très tonique et cherchez la plus grande vitesse.

Attention ! votre spatule droite coupera les vagues la première... et touchera la première le tremplin.

A l'approche du tremplin (**photo 5**), continuez à accélérer et surtout ne laissez pas le buste se tourner vers le bateau. La traction de l'épaule et du bras gauche est à son maximum.

Regardez en haut et à gauche du tremplin.

3

Braquez le ski droit

4

Appuyez sur le pied droit

5

Accélérez jusqu'au tremplin

NIVEAU	DISCIPLINE
Débutant	Slalom
Moyen	**Saut**
Bon	Figures
Expert	

ZOOM

Utilisez vos jambes pour accélérer

Appuyez sur le pied droit.

LE PASSAGE SUR LE TREMPLIN

EN QUELQUES MOTS

Suivant le niveau des skieurs, le challenge du saut est complètement différent. Pour les débutants, il s'agit de passer un obstacle sans tomber. Le tremplin est alors perçu comme une difficulté. Une fois l'appréhension passée, le tremplin ne devient plus un obstacle infranchissable mais un moyen de se propulser le plus loin possible.

Le stade à franchir pour un débutant n'est pas seulement technique, il est aussi psychologique. Pour accéder au niveau "bon", des centaines de sauts sont nécessaires pour apprivoiser le tremplin. Ces pages ne concernent que ceux qui veulent l'utiliser au maximum et aller loin car tel est le but du saut.

AVANT TOUT

Les règles d'or du saut sont immuables. Chaque phase étant conditionnée par la précédente, il faut bien sûr logiquement être dans les meilleures conditions pour que la suite soit bonne. Le seul juge est l'arrivée stable sur l'eau.

Pour bien conditionner la suite, soyez imparable sur les trois points suivants :

- corde tendue au maximum avec prise du palonnier main droite en pronation en bas et main gauche en supination en haut,
- vitesse d'attaque du tremplin au maximum possible. Vous devez être en accélération. C'est votre seule solution pour garder votre équilibre par l'intermédiaire de la corde tendue,
- sortie du tremplin en position équilibrée au-dessus des pieds, buste vertical. Pour cela, vous aurez compensé la déclivité du tremplin par une bascule sur l'avant.

DANS QUEL BUT ?

Sauter signifie de vouloir aller le plus loin possible. Or, le tremplin s'utilise de façon complètement différente s'il est placé à 1,50 mètre, 1,65 mètre ou 1,80 mètre.

Ces hauteurs correspondent à des catégories d'âge (et de niveau technique chez les seniors), pour lesquelles la vitesse maximale du bateau est imposée. Compte tenu de la puissance corporelle du skieur, de ces diverses catégories et de la vitesse d'attaque du tremplin, vous comprenez aisément que pour le meilleur résultat la technique de passage sur le tremplin soit légèrement différente, compte tenu d'un temps de passage sur le tremplin plus ou moins bref.

NIVEAU	DISCIPLINE
Débutant	Slalom
Moyen	**Saut**
Bon	Figures
Expert	

EN PRATIQUE

Tremplin à 1,50 mètre

L'attaque du tremplin (photo 1) se fait avec le maximum de vitesse. Vous aviez visé le point I en bas du tremplin, vous y êtes. Regardez maintenant le point II. A ce niveau, vous n'avez pas la puissance nécessaire pour vous présenter devant le tremplin sur une trajectoire complètement oblique.

Attaque du tremplin

Il reste donc encore un espace entre la 2e vague et le tremplin pour réaccélérer. Cette prise de vitesse finale s'accompagne d'un appui important sur le ski droit. Remettez le buste droit en position haute.

A la base du tremplin (photo 2), vos skis sont remis à plat par le contact de ce dernier. Faites tous vos efforts pour rester sur la trajectoire oblique vous amenant au point II en haut à gauche. Ce contact vous amène à fléchir les jambes. Faites-le par l'avant, c'est-à-dire avec les chevilles et les genoux fléchis. Tonifiez votre buste et bloquez les bras au corps. Cette légère flexion est nécessaire pour utiliser le tremplin comme un trampoline. Reportez le poids du corps sur l'avant de vos pieds. **Au sommet du tremplin (photo 3)**, montez votre buste très haut afin de rendre possible la détente de vos jambes. Regardez haut, loin et à gauche. Tenez toujours votre palonnier près du corps.

Base du tremplin

Sommet du tremplin

LE PASSAGE SUR LE TREMPLIN

EN PRATIQUE

Tremplin à 1,65 mètre ou 1,80 mètre

A l'attaque du tremplin (photo 4), votre vitesse est telle que vous devez regarder très vite le point II.
Pour obtenir la trajectoire la plus fermée possible, vous avez coordonné la poussée sur le ski droit et la traction-éloignement de l'épaule gauche.
Vous avez peu d'espace. Gardez votre vitesse et "gelez" votre position du corps. Orientez vos épaules face au point II que vous essayez déjà d'atteindre avec votre buste.
Mettez-vous déjà en position haute.
Le passage en diagonale de la base au sommet (photos 5 et 6) est ultra rapide. Le tremplin n'est plus utilisé comme un trampoline mais comme une rampe de lancement. Il ne faut pas fléchir les jambes, encore moins casser le buste vers l'avant.
La déclivité du tremplin ne sera que partiellement compensée. C'est dans le vol que vous vous rééquilibrerez.
Outre le fait de résister avec vos jambes, essayez de vous repousser au maximum sur celles-ci. Faites-le en tirant sur les bras pour conserver le meilleur appui possible.
Regardez loin, très loin à gauche.

Attaque du tremplin

Base du tremplin

Sommet du tremplin

Indispensable : les repères visuels

NIVEAU

- Débutant
- Moyen
- **Bon**
- Expert

DISCIPLINE

- Slalom
- **Saut**
- Figures

ZOOM

Repoussez vos jambes

Repoussez vos jambes.

EN QUELQUES MOTS

Vous voilà enfin dans la phase du saut tant recherchée par certains... et tant redoutée par d'autres, celle que tous les spectateurs attendent et celle que commentent tous les néophytes. Elle est redoutée par ceux dont le pourcentage de réussite d'arrivée sur l'eau en bon équilibre est faible et donc par ceux qui ont brûlé les étapes et qui maîtrisent mal les phases préliminaires.
Elle est en revanche très recherchée par les sauteurs longue distance qui souhaitent la prolonger à l'infini.

AVANT TOUT

Le vol est la phase aérienne du saut. On peut parler de vol quand cette phase dure suffisamment longtemps pour atterrir au-delà des 45 mètres. Autrement, il s'agit d'un passage aérien plus ou moins bref pour les sauts plus courts qui peuvent être soient subis par les uns, soient désirés le plus long et le plus efficace possible par les autres. En fonction du niveau technique développé dans les phases préliminaires (1re coupe, virage, 2e coupe) et des catégories d'âge déterminant la vitesse du bateau et la hauteur du tremplin, cette phase est très différente et se termine sur l'eau dans trois zones complètement différentes : latéralement au niveau du bateau, en oblique derrière le bateau, ou très bas derrière le bateau.

DANS QUEL BUT ?

La règle du saut est simple : on mesure la distance.
La distance est d'autant plus grande que la phase aérienne est importante. Sauter, c'est vouloir aller loin et c'est aspirer à voler lorsque vous atteignez les grandes catégories, autrement il ne faut pas sauter.
Sauter avec appréhension, subir le passage sur le tremplin et la phase aérienne amènera tôt ou tard des chutes et des traumatismes. La phase aérienne ne sera sûre et équilibrée que si la pleine vitesse a été utilisée en coupe et le maximum d'énergie possible développé sur le tremplin.

EN PRATIQUE

Saut court

Limité par la hauteur du tremplin à 1,50 mètre et par une vitesse de bateau adaptée à votre catégorie d'âge, votre saut sera court et votre arrivée sur l'eau sera basse, derrière le bateau. **A la sortie du tremplin (photo 1)**, votre détente doit être terminée. Gardez vos épaules face à gauche, regardez loin à gauche et continuez à monter le buste pour laisser à vos jambes la possibilité de terminer leur poussée (si nécessaire).

NIVEAU	DISCIPLINE
Débutant	Slalom
Moyen	**Saut**
Bon	Figures
Expert	

EN PRATIQUE

Gardez un appui ferme sur le palonnier bloqué assez bas près du bassin. Cherchez encore à aller vers la gauche, loin du bateau. **En l'air (photo 2)**, regardez toujours à gauche. Continuez à monter votre buste au-dessus du palonnier et avancez vos épaules pour éviter le déséquilibre arrière. Si la tension sur la corde se relâche, ne soulevez pas les mains mais gardez le palonnier bas en lâchant légèrement la main gauche. Ceci n'est même pas recommandé pour un saut très court. **Atterrissez (photo 3)** avec les deux mains sur le palonnier, poids du corps équilibré sur les deux pieds. Fléchissez les chevilles et ne vous reportez pas en arrière. Gardez le buste droit. La traction du bateau va se faire sentir très vite sur votre côté droit (appui majeur sur le ski droit et traction vers la droite). **Pour repartir vers le bateau (photo 4)**, effectuez vraiment un virage en position accroupi vers le bateau et braquez vos deux skis vers ce dernier. Tournez vos épaules vers la droite et replacez le poids du corps également sur vos deux pieds. Bloquez vos bras au corps comme pour un départ assis du ponton.

Sortie du tremplin

En l'air

Atterrir

Repartir vers le bateau

EN PRATIQUE

Saut longue distance

A la sortie du tremplin (photo 5), votre détente n'est pas terminée. L'appui intense sur vos deux skis vous a empêché de vous écraser. Maintenant, il provoque une montée soudaine du buste.

Forcez-vous à vous orienter à gauche avec tout le corps. Baissez les bras près du corps à droite.

Vous montez en l'air (photo 6) en progressant vite vers l'avant. Basculez votre buste vers l'avant pour retrouver un équilibre vertical. Utilisez la traction de la corde pour aller plus loin. Regardez loin.

Enfin, vous volez ! (photo 7) Avec la vitesse, vous sentez que vous pouvez vous appuyer sur l'air avec vos skis. Vous êtes libéré de la tension de la corde. Lâchez la main gauche pour équilibrer votre vol. Redressez votre buste. Regardez assez loin sur l'eau.

Il est temps d'atterrir ! (photo 8) Cela arrive plus vite que prévu. Soyez prêt à amortir l'impact sur l'eau avec vos deux jambes et une flexion de l'ensemble du corps vers l'avant (buste cassé vers les spatules). Reprenez un appui à deux mains sur le palonnier et éloignez-vous sur l'eau immédiatement à gauche pour retendre la corde avant d'effectuer un virage retour face au bateau.

Sortie du tremplin

Monter

Voler

Atterrir

NIVEAU	DISCIPLINE
Débutant	Slalom
Moyen	**Saut**
Bon	Figures
Expert	

ZOOM

Volez : appuyez vos skis sur l'air mais soyez équilibré

Appuyez-vous sur vos skis.

LE VIRAGE À LA BOUÉE DES 180 MÈTRES

EN QUELQUES MOTS

La double coupe est la marque des grands sauteurs. Autant la simple coupe peut se contenter d'un virage initial approximatif... mais pénalisant dans l'efficacité, autant la double coupe doit être techniquement juste et avec des points de repère très précis. C'est à la bouée des 180 mètres qu'on voit les grands sauteurs.

La bonne montée finale au bateau se prépare à la bouée des 180 mètres. De même qu'un saut se rate ou se prépare dans les meilleures conditions à la bouée des 180 mètres.

AVANT TOUT

La bouée des 180 mètres (bouée des 150 mètres pour les dames et les jeunes) est le seul repère pour la prise d'élan du sauteur. Dans une discipline où la prise de risque est indéniable, ce point est indispensable.

Il est obligatoire qu'il soit aussi présent à toutes les séances d'entraînement et que surtout sa distance par rapport au tremplin soit exactement de 180 mètres (ou de 150 mètres). Sauter sans ce repère reviendrait à faire du saut en longueur sans marque (impensable en athlétisme !).

Techniquement, vous devez être prêt pour cette prise d'élan qui vous amènera large et tout au-delà du bateau à droite pour la coupe finale vers le tremplin. Vous devez avoir déjà un bagage d'au moins 200 sauts sur une seule saison en simple coupe. Vous aurez ainsi acquis l'assurance nécessaire sur une trajectoire connue (celle de la simple coupe) avant d'y passer avec plus de vitesse, en venant de plus loin encore. Par ailleurs, vous devez être capable de maintenir parfaitement l'appui sur le ski gauche, qui sera le moteur du virage à la 180 mètres et de la première coupe qui fait suite à ce changement de direction essentiel...

DANS QUEL BUT ?

La double coupe, voire la triple coupe, est ponctuée par deux virages qui sont les clés de voûte de la prise d'élan du sauteur. Conçue comme deux déplacements "pendulaires" successifs, cette double coupe amène la plus grande vitesse possible sur le tremplin en fin d'accélération de la deuxième coupe, et également en fin de la première coupe à droite du bateau. Ces deux coupes sont démarrées très lentement.

Le passage à la bouée des 180 mètres doit être des plus précis... et des plus lent. Ce geste, souvent répété, doit amener un automatisme parfait qui permettra d'en modifier à tout moment la distance exacte par rapport à la bouée, en fonction du vent ou de la forme du jour.

NIVEAU	DISCIPLINE
Débutant	Slalom
Moyen	**Saut**
Bon	Figures
Expert	

EN PRATIQUE

Soyez le plus large possible à gauche du bateau, bien avant la bouée des 180 mètres. Pour cela, vous aurez accéléré au maximum en vous appuyant sur le ski droit, dès l'arrière du bateau. C'est sur un corps tonique que l'accélération est la plus efficace.
Arrivé dans la zone de la bouée, **freinez net** (**photo 1**) pour vous arrêter au point précis que vous aurez choisi comme repère de départ de votre coupe. Pour cela, utilisez le "chasse-neige", chevilles très fléchies, buste droit. Sur votre point de départ choisi, fermez le côté gauche. Sans bouger le ski droit, **braquez tout le côté gauche** (**photo 2**), ski gauche en prise de carres. Pivotez vers la droite en faisant revenir votre main gauche au palonnier.
Opposez-vous (**photo 3**) à la corde en éloignant votre buste. Reculez votre côté droit pour fermer complètement votre virage. Gardez le poids du corps au milieu des skis, en majorité sur le pied gauche. Utilisez vos bras pour provoquer l'accélération.

1

Freinez net

2

Braquez le côté gauche

3

Opposez-vous

EN PRATIQUE

Très opposé, en totalité sur le ski gauche, **accélérez au maximum (photo 4)**.
De cette vitesse initiale dépend la hauteur que vous aurez en fin de coupe. Plus large et plus haut vous serez, plus facile sera le choix de votre départ de virage final vers le tremplin. Soyez en pleine confiance au moment de votre accélération.
Coupez les vagues (photo 5) sans varier votre trajectoire. Le poids du corps en totalité sur le ski gauche vous aidera à conserver votre angle. Regardez loin vers l'extérieur. Soyez très fort avec votre buste et votre bassin.
Poussez au maximum sur votre jambe gauche tout en éloignant votre épaule droite.
Montez loin à droite du bassin (photo 6). Gardez longtemps votre vitesse et votre appui en carres sur le ski gauche. Ne relâchez pas votre effort : c'est là que vous allez conserver la largeur nécessaire à la préparation du virage. Cherchez à aller à droite sans arrêt.

Accélérez

Coupez les vagues

Montez loin à droite

NIVEAU	DISCIPLINE	ZOOM
Débutant	Slalom	Opposez-vous
Moyen	**Saut**	
Bon	Figures	
Expert		

Le plus grand appui est sur le ski gauche, en carres.

LES EXERCICES SANS TREMPLIN

EN QUELQUES MOTS

C'est très agréable d'être "cigale" et de sauter tout l'été... à condition d'avoir été fourmi au printemps et d'avoir fait ses provisions techniques. Le but du saut est d'aller loin, donc d'arriver vite au tremplin. Toute la phase d'approche tend vers cette sûreté qui vous est nécessaire au moment de l'impact.
Aucune faute dans la partie préliminaire ne doit venir vous faire douter.

AVANT TOUT

Une très grosse partie de votre entraînement doit être consacrée à la réalisation et à l'amélioration de votre évolution avant le tremplin.
Bon nombre d'exercices sans tremplin sont obligatoires pour préparer :
- votre vision du tremplin sous l'angle du choix de départ de coupe finale,
- votre attitude d'opposition permettant la meilleure accélération,
- votre technique de virage, que ce soit à la bouée des 180 mètres ou lors du virage final.

DANS QUEL BUT ?

Suivant votre niveau, le but est différent.
Au niveau 1 (skieur en perfectionnement), vous devez rechercher la qualité technique.
Au niveau 2 (compétiteur à l'entraînement), vous devez rechercher l'efficacité et la précision, notamment dans les deux virages de la double coupe. Grâce à votre régularité d'entraînement à votre niveau, vous allez bâtir votre efficacité basée sur l'adaptation constante aux éléments extérieurs (vent, glisse de l'eau, pilotage...) et votre forme du jour.

NIVEAU	DISCIPLINE
Débutant	Slalom
Moyen	Saut
Bon	Figures
Expert	

EN PRATIQUE

Niveau 1

La recherche de la qualité technique est toujours liée à un point de repère. La gestion de l'espace et du temps (par rapport au tremplin) doit être présente dans tous les exercices.

Simulez l'accélération vers le tremplin (**photo 1**) en utilisant le même chenal pour le bateau et en plaçant deux bouées d'un écart similaire à celui du tremplin 30 mètres devant ce dernier. Vous transformez ainsi la bouée des 180 mètres en bouée des 150 mètres, pour apprécier votre temps de départ.

Améliorez votre appui sur le ski droit (**photo 2**) en exécutant des coupes avec un seul ski (le droit) pour être plus fort et plus technique dans l'approche finale vers le tremplin.

Perfectionnez **votre départ de demi-coupe** (**photo 3**) en privilégiant l'appui sur le ski droit en carres.

Simulez l'accélération vers le tremplin

La bonne position sur le pied droit

Le départ de demi-coupe

EN PRATIQUE

Niveau 2

Pour plus d'efficacité, soyez très précis dans vos deux virages.
Répétez souvent **votre virage à la bouée des 180 mètres (photo 4)**. Sa technique a été détaillée dans le chapitre précédent.
Votre virage final est essentiel car il détermine la qualité du saut. Sa technique est aussi importante que le moment précis où il doit être exécuté. Sans passer sur le tremplin, réglez sa coordination par rapport à un passage précis, par exemple les deux bouées utilisées au niveau I.
Soyez très large (photo 5) en vous écartant en bout de corde à droite du bateau, sans renvoyer le palonnier vers ce dernier.
Braquez tout le côté droit (photo 6) au moment où vous le décidez, en fixant intensément le coin en bas et à gauche du tremplin (ou la bouée de gauche de l'exercice). Ainsi votre trajectoire vous amènera vers le bas droit du tremplin.
Utilisez la tension de la corde (photo 7) pour transformer le virage et le placement en opposition qui en découle... en grande vitesse vers le tremplin (ou les bouées).

Virage à la bouée des 180 mètres

Soyez très large

Braquez tout le côté droit

Utilisez la tension de la corde

NIVEAU

- Débutant
- Moyen
- Bon
- **Expert**

DISCIPLINE

- Slalom
- **Saut**
- Figures

ZOOM

Décidez avec calme de votre départ vers le tremplin

Regardez le bas gauche du tremplin.

SAUTER SANS RISQUE

EN QUELQUES MOTS

En saut, la confiance doit régner à tous les instants. Il s'agit de la confiance en vous-même bien sûr, mais surtout de la confiance dans le matériel, les installations que vous utilisez et surtout dans le pilote qui vous tracte. Si un doute subsiste à chacun de ces niveaux, ne sautez pas.

La confiance en vous-même s'appuie sur votre maîtrise de tous les compartiments du saut (voire les exercices sans tremplin) et sur une pratique régulière. Un objectif de 300 à 500 sauts par saison est raisonnable pour vous donner la confiance indispensable au moment de la prise de décision d'un saut de grande amplitude.

AVANT TOUT

Lorsque vous allez sauter, voici tous les paramètres dont la qualité doit être irréprochable. Vous allez être tributaire de chacun d'eux, ils doivent mériter votre confiance.

Le pilotage

- Vous devez être tracté en parfaite **ligne droite**, de façon **parallèle à l'axe** du tremplin.
- Le pilote doit conserver la **vitesse constante** que vous avez choisie.
- La **distance de passage du bateau** par rapport au tremplin est variable suivant votre niveau :

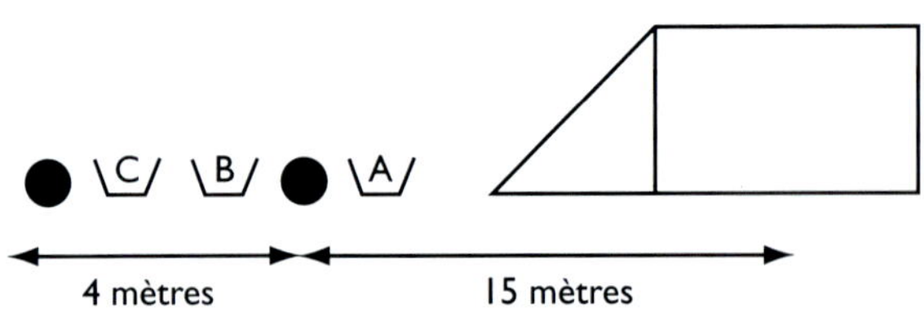

A : débutant
B : demi-coupe et simple coupe
C : sauteur confirmé

Le matériel

- La **corde de 23 mètres** que vous utilisez ne doit présenter aucun point d'usure.
- Vous devez porter **un gilet** protégeant largement vos côtes.
- Contrôlez sur vos skis le bon état des chausses et **des dérives**.
- **Les distances du chenal du bateau** par rapport au tremplin (schéma ci-dessus) doivent avoir été mesurées très précisément, tout comme les bouées de repères de 150 et 180 mètres avant le tremplin.

NIVEAU	DISCIPLINE
Débutant	Slalom
Moyen	**Saut**
Bon	Figures
Expert	

EN QUELQUES MOTS

Le tremplin

- Sa surface plane doit être **correctement glissante** et arrosée en permanence.
- Sa **hauteur** doit correspondre à votre niveau : de 1,35 à 1,65 mètre (l'utilisation du tremplin à 1,80 mètre est très rare).
- La **garde de protection** doit être en parfait état et se prolonger sous l'eau.
- L'**aire de réception** qui va être la vôtre ne doit présenter aucun obstacle et être suffisamment éloignée de la berge.

1

Une parfaite traction dans l'axe

2

L'aire de réception

EN PRATIQUE

Maintenant, vous pouvez avoir confiance. N'hésitez pas. Focalisez toute votre attention sur votre prise de décision, après avoir effectué une coupe vous amenant en position de virage final.

Visez le tremplin (**photo 3**) en intégrant : la distance restant à parcourir, votre capacité à accélérer, les conditions de vent et du plan d'eau, la vitesse de réaction du pilote, votre forme du jour... et en regardant le coin inférieur gauche pour conserver une marge de sécurité. Votre trajectoire vous amènera ainsi à passer dans le tiers inférieur droit du tremplin.

Décidez du virage final (**photo 4**) sans vous précipiter et en cherchant la direction la plus divergente possible de celle du bateau. Allez au maximum de la prise de carres du ski droit.

Accélérez en traversée (**photo 5**) pour avoir la plus grande vitesse possible au pied du tremplin. Luttez contre la traction de la corde en vous appuyant sur le ski droit.

Visez

Décidez

Accélérez

NIVEAU	DISCIPLINE
Débutant	Slalom
Moyen	**Saut**
Bon	Figures
Expert	

ZOOM

Cherchez la plus grande vitesse possible devant le tremplin

Visez et accélérez vers le tremplin.

VO

EN

Pou
qui
aid

D

Pour bien skie

...OTRE SKI DE SLALOM DÉCORTIQUÉ

...QUELQUES MOTS

...bien choisir un ski, il convient de comprendre le rôle de tous les éléments ...e constituent. Voici donc le schéma d'un ski qui n'existe pas, mais qui vous ...ra sans aucun doute à choisir le mono adapté à votre style.

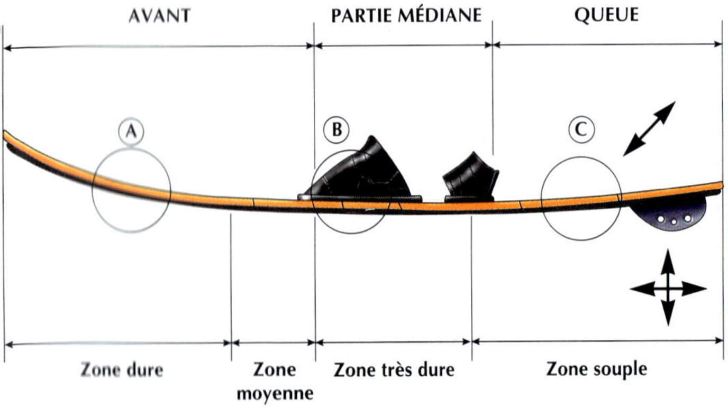

...ÉFINITIONS

...omposition

...es *bas de gamme* ont une structure dite "sandwich" (caisson) avec mousse ...jectée. Ces skis sont fragiles, sans variation de souplesse.

...es *hauts de gamme* utilisent les matériaux composites suivants :

...nid d'abeille : légèreté et résistance à la compression,

...fibre de verre : répartition possible des souplesses,

...fibre de kevlar : très résistant à la déformation,

...fibre de carbone : très léger et très résistant.

...La banane

...C'est la courbure du ski vu de profil. Le poids du corps est placé différem...nent sur le ski suivant les phases du slalom. En accélération, il est sur la ...noitié arrière et la "banane" (forme bananée du ski sur sa longueur) donne ...noins de freinage car la spatule et la moitié avant sont hors de l'eau. Dans ...e virage, le poids du corps est reporté sur l'avant. La "banane" permet à ...'avant du ski de s'accrocher dans l'eau et au skieur de faire plus facilement ...pivoter l'arrière du ski.

Banane trop importante : difficulté d'accroche des carres avant.

Ski trop plat : fin de virage et accélération difficiles à négocier.

DÉFINITIONS

Flexibilité

Un ski souple : tourne facilement en virage, accélère peu.
Un ski dur : plus difficile à tourner, accélère franchement.
Du fait des matériaux composites, beaucoup de combinaisons sont possibles entre les différentes parties du ski.

La semelle : les trois grands types

Concave
- agressif en virage rapide
- moindre accélération en traversée
- bonne décélération

Tunnel
- facile en virage et progressif
- bonne accélération en traversée

Hyperparabolique
- combine les effets des deux profils

Chausses

L'évolution de la chausse caoutchouc vers la "botte de ski" amène une précision et une tenue de pied supérieure.

Ailette

Elle permet de décélérer dans le prévirage. Elle évite également à l'arrière du ski de sortir de l'eau. Elle change la position du ski dans l'eau. Le ski travaille plus horizontalement dans l'eau, ce qui aide au virage.
Réglée avec plus d'angle, on augmente la capacité du ski à tourner plus facilement mais l'accélération est plus dure à mettre en œuvre.
Important ! si l'ailette a moins de 4 ou 5° d'angle, elle peut contribuer à soulever l'arrière du ski.
Le réglage neutre se situe à 5°.

DÉFINITIONS

Les carres

Leur angle varie de 43° à 47°. Leur rôle est très important sur l'avant du ski, beaucoup moins à l'arrière. Des carres plus ou moins aiguës permettent au ski de pénétrer plus ou moins dans l'eau et donc de faciliter plus ou moins le changement de carres.
La forme de la carre sur l'avant et le milieu du ski affecte le prévirage et le virage (en général, forme plutôt aiguë).
La forme de la carre sur l'arrière affecte l'accélération du ski et la qualité de la "trace" (forme plutôt arrondie).
Carres larges : virage doux.
Petites carres : virage plus sec avec un ski plus haut sur l'eau.

A. Plaques antivibration

Initiés par O'Brien avec le G3 et repris par H.O. avec le power Stix, ces systèmes permettent de régler la rigidité du ski. Ils peuvent se trouver également sur la partie arrière du ski.

TABLEAU DES CORRESPONDANCES TAILLE/LONGUEUR

Poids du skieur	Taille du ski		
Moins de 35 kg	155	155	
35 à 45 kg	160	160	
46 à 55 kg	165	160	
56 à 65 kg	165	165	165
66 à 73 kg	170	165	165
74 à 82 kg	170	170	165
83 à 90 kg	175	170	170
Performance en slalom	Slalom passé à moins de 49 km/h	49 km/h à 58 km/h	Corde courte, ski avec dérive à ailette*

* Une ailette à la dérive apporte davantage de tenue en accélération et un ski moins long peut être utilisé.

DÉFINITIONS

B. La mini dérive

Installée sur le G3, cette mini dérive placée sous la chausse arrière est une innovation qui défie les lois de l'expérience. En effet, depuis plus de trente ans, c'est la première fois qu'un fabricant sort en série une deuxième dérive sur un ski.
La mini dérive est supposée retenir le ski lors d'un dérapage éventuel en traversée.

C. Les réducteurs de turbulence

Ils sont placés sous la semelle et sont destinés à évacuer plus rapidement l'eau et à faciliter la tenue d'un ski.

Dérive

Elle permet de faire une trace directe, sans mouvements latéraux. Ses trous additifs diminuent la surface. Ils facilitent la rotation du virage et empêchent le ski de déraper vers l'arrière.

FORME

La forme de la dérive est plus importante que les réglages.

Forme de l'avant :

 Ski rapide.

 Vire en douceur.

Forme de l'arrière :

 Ski stable notamment en virage.

 Le virage est coulé et doux.

LES RÉGLAGES (en fonction de sa position ou de son enfoncement)

← Tourne plus vite et plus fort.

→ Le ski est moins agressif.

↓ Le ski est plus stable, mais fatalement il perd de l'agressivité.

↑ A l'inverse, votre ski devient plus sensible, attention aux excès.

↗ Réduit l'aptitude du ski à virer serré.

↙ L'effet d'agressivité ressenti dans le prévirage ne fait que s'amplifier pendant le virage.

SKIER EN SÉCURITÉ

EN QUELQUES MOTS

Le ski nautique est non seulement un sport à matériel mais aussi une activité dépendante d'un engin de déplacement. Ces deux aspects de notre discipline doivent faire l'objet d'un contrôle permanent. Le matériel doit être contrôlé tous les jours. Le conducteur de l'engin doit avoir lui aussi une vigilance de tous les instants.

DANS QUEL BUT ?

Comparé aux autres activités sportives, le ski nautique n'est pas un sport à risque. Son pourcentage d'accidents (bénins) le classe même parmi les sports sans risque. Continuez à appliquer ces quelques conseils et vous pourrez skier ou faire skier sans problème de 7 à 77 ans, que ce soit sous forme de loisir ou en compétition.

NIVEAU	DISCIPLINE
Débutant	**Slalom**
Moyen	Saut
Bon	Figures
Expert	

EN PRATIQUE

Le ski de loisir

C'est sous cette forme d'activité que vous êtes le plus dépendant du pilote. Vous pouvez quand même contribuer au respect des principes suivants :

Le ponton du départ (photo 1) doit être suffisamment grand et stable. Ses bords doivent être protégés.

Lorsque vous allez y terminer votre tour de ski, ne le considérez jamais comme un point d'arrivée, mais comme une zone d'arrivée.

À aucun moment vous ne devez arriver contre le ponton à vitesse de ski. Le pilote doit réduire la vitesse du bateau de telle sorte que vous soyez obligé de nager pour accéder au ponton. Le ponton sert au départ, jamais à l'arrivée.

Le pilotage doit se faire sur de longues lignes droites, afin que vous puissiez évoluer symétriquement et à la vitesse de traction constante. Votre rôle n'est pas de surveiller les obstacles éventuels. Le pilote doit choisir une zone dégagée et passer loin des berges pour éviter les obstacles, dans le cas où vous seriez emporté par votre élan dans une chute.

Enfin, **le bateau** utilisé doit être équipé d'un mât de traction qui vous servira d'appui constant, nécessaire à une bonne évolution.

Arrivez loin du ponton

EN PRATIQUE

La compétition

À ce niveau, vous disposez de votre matériel personnel. Contrôlez-le. Tout d'abord, choisissez un ski correspondant à votre poids et à votre niveau. Consultez les tables des fabricants et n'hésitez pas à en essayer plusieurs avant de faire votre choix. Lorsque vous avez choisi et réglé **la chausse** à votre pied, coupez les "languettes" qui dépassent (photo 2) sinon vous aurez des problèmes dans le changement de carres. Que vous optiez pour la chausse traditionnelle (photo 3) ou la chaussure amovible (photo 4), contrôlez sa capacité à déchausser. Mettez du savon dans la chausse caoutchouc (pour mieux chausser) et respectez les indications du fabriquant pour régler le ressort derrière votre chaussure.

La corde de slalom doit être régulièrement changée car elle perd vite de son élasticité et risque même une usure invisible due aux rayons ultraviolets du soleil.

Le palonnier ne doit jamais être glissant. Pour l'éviter, ne le laissez jamais traîner au fond du bateau. Rincez-le, ainsi que la corde, tous les jours à l'eau douce.

Vous êtes prêt à skier mais n'oubliez pas de vous échauffer et de demander au pilote une vitesse adaptée à votre niveau.

2

Coupez les parties qui dépassent

3

Le savon dans les chausses est indispensable

4

Réglez le ressort de la plaque

NIVEAU	DISCIPLINE
Débutant	**Slalom**
Moyen	Saut
Bon	Figures
Expert	

ZOOM

Le ponton de départ n'est pas un ponton d'arrivée

EN QUELQUES MOTS

La pratique du ski nautique ne peut se faire sans bateau, ni pilote.
Au-delà de cette évidence apparaissent deux paramètres dont vous ne soupçonnez pas l'importance : le bateau et son pilote. Leur qualité, leur spécialisation et leur capacité propre influent directement sur le degré de réussite du skieur.
Pire, ils peuvent être la cause de chutes inattendues, voire même être responsables de collisions aux conséquences importantes.

AVANT TOUT

Conduire, piloter ou tracter un skieur : voici les trois compétences complètement différentes qui font trop souvent l'objet d'un amalgame encouragé par la réglementation française en vigueur !

- Conduire un bateau signifie d'être capable de le diriger, mais seulement vers le lieu choisi.
- Piloter un bateau sous-entend être capable de le conduire en s'adaptant aux contraintes imposées par l'environnement, et leur nombre est immense (autres embarcations, état de la mer ou du plan d'eau, obstacles, hauts-fonds, etc.)
- Tracter un skieur est une étape largement plus compliquée à atteindre. Il faut avoir assimilé les deux précédentes avant d'être capable de s'investir de la mission de guide et, sous une certaine forme, de décideur pour la personne qui est tractée et entièrement dépendante de vos décisions.

DANS QUEL BUT ?

Le skieur a une confiance absolue en son pilote (**photo 1**), tout comme les passagers d'une voiture vis-à-vis du chauffeur. Ce dernier doit être conscient de cette fonction qui est sanctionnée par un certificat de capacité très précis en matière de circulation routière, mais appréciée empiriquement en ski nautique !

NIVEAU	DISCIPLINE
Débutant	Slalom
Moyen	Saut
Bon	Figures
Expert	**Pilotage**

EN PRATIQUE

La comparaison avec la circulation automobile est intéressante.

En automobile

Le **permis de conduire** automobile est attribué après que le candidat ait fait preuve d'un niveau suffisant en :

1. connaissance de la signalisation et des règles de sécurité,
2. capacité à conduire un véhicule,
3. adaptation et prise de décision en situation imposée par des éléments extérieurs souvent inattendus et fort denses.

Le **pilotage** d'un véhicule est une notion sportive dont les niveaux sont définis par les épreuves auxquelles peuvent accéder les titulaires d'une licence de compétition, et ceci après avoir fait preuve de leur capacité dans des épreuves de niveau croissant.

Le **transport des passagers** fait l'objet d'un permis spécial dans lequel la partie théorique et la partie pratique sont développées et adaptées à la fonction requise.

EN PRATIQUE

En ski nautique

Le permis de conduire des bateaux de ski nautique est attribué seulement si le candidat satisfait aux points 1 et 2 de la référence automobile. Le point 3 n'existe pas. Cette lacune est d'ores et déjà source d'accidents de conduite d'une embarcation. Mais quoi de plus étonnant que de réaliser que ce seul permis de conduire donne la possibilité de tracter des skieurs, capacité largement plus difficile et comparable au transport routier de passagers. Ne vous laissez pas leurrer par cette réglementation laxiste. Personne n'est capable de tracter un skieur avant d'avoir pris conscience et appliqué les quatre règles fondamentales du pilote de ski nautique.

Les règles de pilotage du skieur

Le pilote tracteur obéit, utilise, organise et développe un savoir-faire.

Le **pilote obéit** à des règles et des contraintes.

- Règles :
  - de sécurité,
  - de règlement du site.
- Contraintes :
  - le niveau du pratiquant (loisir, perfectionnement, compétition),
  - le règlement de la discipline sportive,
  - la qualité de la surface de ski à offrir,
  - l'amélioration de la séance d'entraînement,
  - l'impartialité de la compétition.

Le **pilote utilise** le matériel disponible (le bateau et son équipement).
Il doit en connaître :

- la vérification et l'entretien,
- les réactions,
- les limites.

Le **pilote organise** :

- l'espace intérieur du bateau,
- la cohabitation avec les autres usagers du site.

Le **pilote exerce** la traction du skieur, en prenant conscience qu'il a un certain nombre d'étapes à franchir qui ne pourront l'être qu'après des heures de pratique.

- Il apprend.
- Il s'informe.
- Il s'entraîne.
- Il développe un savoir-faire qui est très complexe.

NIVEAU	DISCIPLINE
Débutant	Slalom
Moyen	Saut
Bon	Figures
Expert	**Pilotage**

La confiance absolue au pilote

TRACTER UN SKIEUR LOISIR

EN QUELQUES MOTS

La traction d'un skieur loisir est très souvent synonyme de la découverte du ski nautique par ce dernier. Il doit revenir enchanté... et ce n'est pas toujours le cas. Malheureusement, le pilotage laisse à désirer et ce qui aurait dû être une partie de plaisir se transforme en un parcours d'obstacles périlleux.
Attention ! la pratique du ski loisir fait appel à de nombreuses règles et à un savoir-faire du pilote extrêmement précis.
Vous allez le découvrir et sûrement vous attacher à faire toujours mieux.

AVANT TOUT

Voici un rappel des règles à observer.
Conformez-vous à la sécurité. Votre lieu d'évolution est très réglementé : sens de rotation, chenal de départ et d'arrivée, horaires de pratique, priorités sur l'eau... Conformez-vous aux arrêtés en vigueur.
Contrôlez le matériel que vous utilisez. Vérifiez votre bateau et notamment le bon fonctionnement de la direction et de la manette des gaz. Encore plus, assurez-vous du niveau d'essence suffisant.
Organisez l'intérieur du bateau afin qu'aucun objet ne se déplace de manière intempestive pendant la marche. Rien ne doit être posé au sol, ce qui est souvent une source de chute ou de blessure.
Placez les passagers de façon à ce que le bateau soit équilibré (à plat en marche). Interdisez à quiconque de s'installer devant le pilote, sur l'avant du bateau. Outre la perte de visibilité, le danger de chute est réel... et le résultat est dramatique.

DANS QUEL BUT ?

Vous devez offrir au skieur les meilleures conditions de ski grâce à :
- une traction en ligne droite,
- une vitesse compatible avec son niveau,
- une surface d'eau qui soit la plus lisse possible,
- une assurance d'être loin de tous les obstacles (aux environs des berges ou sous l'eau).

NIVEAU	DISCIPLINE
Débutant	Slalom
Moyen	Saut
Bon	Figures
Expert	Pilotage

LA TRACTION EN CLUB

Elle est souvent pratiquée avec plusieurs bateaux qui naviguent simultanément, en utilisant un seul ponton de départ (et donc d'arriver). Les skieurs doivent attendre sur le ponton et jamais dans l'eau.
Voici les aspects techniques que vous devez maîtriser.

Préparation au départ

Départ du ponton

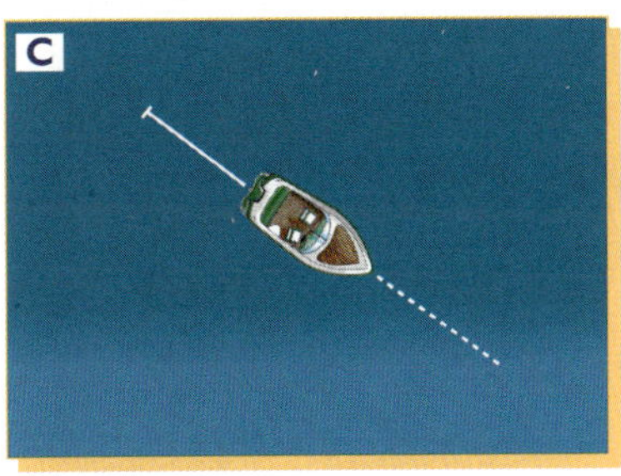

Navigation en ligne droite

Repêchage avec in-board

Repêchage avec hors-bord

Arrivée au ponton

TRACTER UN SKIEUR LOISIR

Le départ (schémas **A** *et* **B***)*

Le skieur s'étant mis dans l'eau, tendez au ralenti la corde de traction. Débrayez juste avant que la corde soit tendue.
Vérifiez que le bateau soit face à la ligne de départ que vous allez suivre et que surtout cette ligne ne fasse qu'une avec la corde de traction.
Quand le skieur est prêt (position de départ correcte et skis face au bateau), embrayez simplement pour mettre la corde en tension et attendez son signal vocal pour démarrer (**photo 1**).
S'il est débutant, démarrez lentement.
Soyez progressif avec la manette des gaz et adaptez une vitesse peu élevée.

Soyez calme au départ

La navigation (schéma **C***)*

Vous devez offrir les meilleures conditions de ski listées précédemment.
Pour cela, vous devez vous comporter comme un "contrôleur aérien" : examinez sans arrêt l'aire d'évolution, anticipez les manœuvres des autres bateaux, choisissez la surface la plus calme (toujours en ligne droite), imaginez l'endroit où vous allez tourner... et surtout adaptez votre vitesse au niveau du skieur et à ses évolutions.
Par expérience, on sait que vous allez toujours trop vite !
Vous êtes en fait responsable des trajectoires. C'est le skieur qui détermine votre vitesse.

NIVEAU	DISCIPLINE
Débutant	Slalom
Moyen	Saut
Bon	Figures
Expert	**Pilotage**

Le repêchage (schémas **D** *et* **E***)*

Dès que le skieur est tombé, coupez les gaz et revenez au ralenti vers lui. Pour lui présenter la corde, votre boucle sera différente si vous pilotez un bateau in-board avec ligne d'arbre ou bien un bateau à moteur hors-board.

- Avec un in-board, passez d'abord près de lui et faites ensuite une large boucle en vous éloignant pour qu'il puisse attraper la corde que vous traînez.
- Avec un hors-board, il se produit l'inverse : l'arrière va s'éloigner lorsque vous tournerez et le mât de traction va s'éloigner lui aussi. La corde reste ainsi à l'intérieur de votre boucle et sera récupérée aisément par le skieur. Suivez ensuite les mêmes règles de débrayage et de préparation au départ, comme pour le départ du ponton.

L'arrivée au ponton (schéma **F***)*

• Le choix du moment

Vous devez choisir le moment pour ramener le skieur au ponton, sans qu'aucun autre bateau y soit déjà accosté ou ne vous suive de très près pour faire de même. Vous devez estimer ces deux possibilités au cours de la navigation. Regardez sans cesse la position des autres bateaux de ski par rapport au ponton d'arrivée. Imaginez à quel moment vous aurez largement le temps de lâcher votre skieur et de redémarrer avec le suivant sans encombre. Pour cela, vous devez rallonger ou raccourcir en conséquence le tour actuel.

• La technique

Il s'agit d'amener le skieur non pas sur le ponton, mais dans une zone proche de ce dernier de telle sorte qu'il soit obligé de nager pour y accéder. La trajectoire du bateau doit finir parallèlement à la grande longueur du ponton, à une distance de 3 mètres de ce dernier (afin d'éviter les chutes ou plongeons éventuels des personnes sur le ponton).

Sur votre signal, le skieur se porte à l'extérieur et vous devez couper nettement les gaz afin qu'il ne puisse plus être en hydroglissage et qu'il lâche le palonnier dans la zone prévue.

Vous passez devant le ponton à l'extrême ralenti. Après avoir dépassé le bout du ponton, vous devez faire un crochet vers l'intérieur (voir schéma A), et revenir ensuite vers le large. Ceci permettra à la corde de s'approcher de l'angle du ponton et d'être saisie par le skieur suivant.

TRACTER UN SKIEUR LOISIR

LA TRACTION INDIVIDUELLE

Elle est pratiquée par les plaisanciers, de façon occasionnelle, sur la mer ou les grands lacs. Pratiquée en vacances, elle n'est pourtant pas libre de contraintes.

Le départ

Il se fait a large, en pleine eau. Coupez toujours le moteur. Ne le démarrez que lorsque le skieur s'est éloigné du bateau et qu'il est dans votre champ de vision. N'oubliez pas alors de remonter l'échelle arrière !

Ensuite, suivez les mêmes consignes que pour la traction en club (**photo 2**).

Suivez les mêmes règles que la traction en club

La navigation

Soyez d'autant plus vigilant que vous êtes en présence d'autres embarcations qui pratiquent le ski ou la promenade de façon occasionnelle.

Ensuite, offrez la meilleure qualité de ski et ne jouez pas à faire tomber le skieur : l'accident vous guette alors.

Le repêchage

Les règles sont les mêmes. Soyez d'autant plus vigilant qu'il y a des vagues ou du vent. Effectuez votre boucle de telle sorte que le courant ne vous pousse pas sur le skieur.

La fin du tour

Dès que le skieur a lâché, procédez comme pour le repêchage. Signalez votre skieur dans l'eau aux autres embarcations.

NIVEAU	DISCIPLINE
Débutant	Slalom
Moyen	Saut
Bon	Figures
Expert	**Pilotage**

ENTRAÎNEZ-VOUS À TRACTER

Tout ceci ne peut se faire immédiatement. Vous devez vous entraîner d'abord sans skieur. Effectuez ensuite la progression suivante :

- Simulez des départs et des arrivées sans skieur. Vous vous familiariserez ainsi avec le ponton, la capacité de manœuvre du bateau et la finesse de la poignée des gaz.
- Apprenez ensuite la traction du skieur sur un secteur bien dégagé, **cherchez la ligne droite (photo 3)**. Revenez dans votre sillage après un virage.

  Laissez le soin à un expert de démarrer le skieur et de le ramener au ponton. Observez-le.

3

Cherchez la ligne droite

- Lancez-vous sur le départ. Soyez calme et lent. Démarrez toujours en ligne.
- Après beaucoup d'assurance, enchaînez les trois premiers points et ramenez le skieur au ponton. Chaque étape nécessite au moins 2 à 3 heures de pratique.

TRACTER UN SKIEUR À L'ENTRAÎNEMENT

EN QUELQUES MOTS

Les conditions de traction d'un skieur à l'entraînement sont très particulières. Ce dernier a besoin d'un plan d'eau lisse qui ne doit pas être perturbé ni par le vent, ni par les vagues produites par d'autres bateaux. Dans ce cas, vous êtes généralement le seul bateau sur un plan d'eau de taille restreinte, mais largement suffisant pour l'entraînement d'un skieur de compétition. Les dimensions de ce site sont souvent identiques : 800 à 900 mètres de longueur et 100 à 150 mètres de largeur.

AVANT TOUT

Il est impossible, sans préparation, de vous aventurer dans cet exercice très difficile. Vous accédez à un nouveau monde aux règles très strictes voire opposées aux principes qui régissent les loisirs. Finies les contraintes des autres bateaux et du ponton, c'est le règlement sportif qui vous dirige. Les maîtres de vos évolutions sont maintenant les trajectoires et la vitesse du bateau.

DANS QUEL BUT ?

Vous devez reproduire à l'entraînement les conditions exactes de traction que retrouvera le skieur en compétition.
Pour satisfaire cette exigence, votre niveau de pilotage doit toujours être supérieur au niveau du skieur. Vous devez lui offrir une séance parfaite.
Il n'est pas question de débuter le pilotage à l'entraînement avec un skieur expérimenté. Vous devez d'abord observer un pilote qui vous expliquera le but et la façon de faire ses manœuvres.
Ensuite, entraînez-vous avec un skieur de "loisir sportif" en vous fixant comme objectif un cahier des charges beaucoup plus rigoureux que le sien.

EN PRATIQUE

Avant chaque séance d'entraînement, vous devez vérifier et organiser les points suivants :
- le niveau d'essence suffisant pour la séance,
- la corde de traction et le palonnier en bon état,
- la bonne marche des compteurs de vitesse (speedomètres) et la justesse de leur graduation,
- le nombre de personnes à bord conforme au règlement (trois maxima),
- le rangement de tous les objets inutiles,
- votre confort personnel (réglage du siège, casquette, lunettes, bouteille d'eau).

NIVEAU	DISCIPLINE
Débutant	Slalom
Moyen	Saut
Bon	Figures
Expert	Pilotage

Voici maintenant vos obligations (par discipline)

En slalom

La trajectoire du bateau est impérativement rectiligne, au centre des bouées de chenal bateau. Elle doit rester sur cet axe bien avant et bien après le champ de slalom (150 mètres minimum).

Le skieur se prépare 100 mètres avant le slalom. Vous devez lui assurer l'exactitude de votre trajectoire.

La vitesse du bateau est uniforme, déjà réglée à la demande (150 mètres avant le parcours) pour les mêmes raisons de préparation de la porte d'entrée.

Les virages. En bout de plan d'eau, votre virage a la forme d'une boucle qui s'écarte d'abord à gauche. Vous serez ainsi en face du slalom plus tôt et offrirez une plus grande longueur de préparation au skieur.

Votre virage est large au début et se resserre progressivement. Ce changement évite de produire des vagues de travers qui viendraient affecter le passage du skieur.

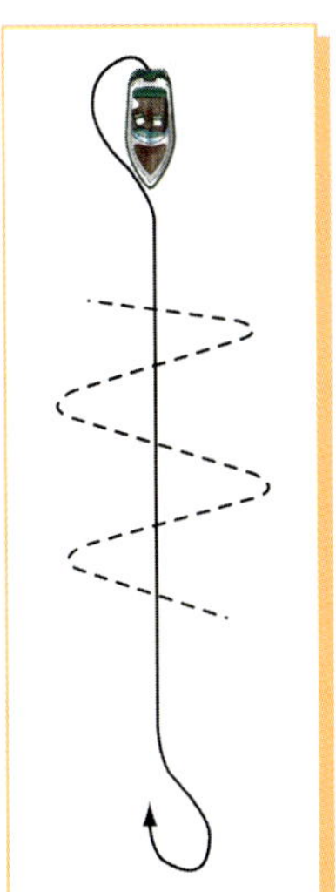

Slalom

Figures

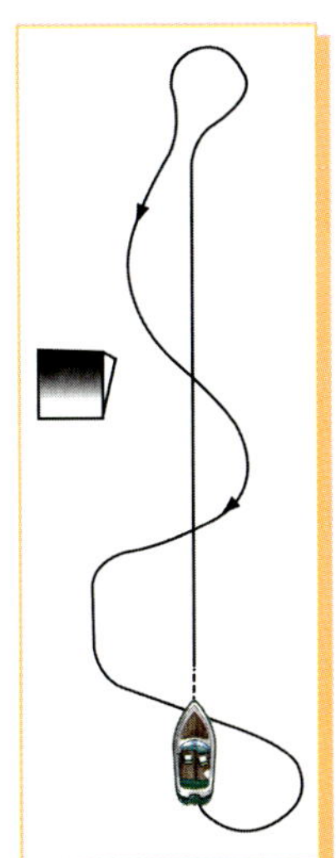

Saut

En figures

La trajectoire est aussi rectiligne que possible. Pensez à équilibrer l'intérieur du bateau afin que les deux vagues utilisées par le skieur soient symétriques.
La vitesse du bateau est uniforme. Lorsque le skieur l'a réglée en début de séance, mémorisez-la pour toute la durée du tour. Notez simplement que lorsqu'il travaille en corde au pied, la vitesse du bateau sera inférieure de 1 à 2 km/heure.
Les virages en bout de plan d'eau sont identiques à ceux du slalom.

En saut

La trajectoire est rectiligne et parallèle à l'axe longitudinal du tremplin. Le skieur fixe la distance mesurant l'écart entre ces deux axes (variable de 15 à 19 mètres). Seul le retour n'est pas rectiligne. En suivant le schéma, vous comprenez qu'il vous faut suivre en retour le passage qu'avait emprunté le skieur pour allez sauter.
Cela lui offrira une excellente surface d'eau pour son saut suivant.
La vitesse du bateau doit être uniforme. Compte tenu de la forte accélération du skieur pendant son approche finale au tremplin (et aussi pendant sa première coupe), il vous faudra accélérer le régime du moteur pour conserver la vitesse demandée (c'est le principe d'une voiture en côte). N'oubliez pas de réduire progressivement les gaz en dehors de ces périodes.

En cas de chute

Les vagues constituent l'ennemi numéro un du skieur. N'en produisez pas. Restez toujours sur le seul axe longitudinal. En cas de chute, coupez les gaz, attendez presque l'arrêt du bateau et tournez-le pour revenir à l'extrême ralenti à côté du skieur. Choisissez toujours de démarrer du côté de la plus grande longueur du plan d'eau restante pour l'entraînement des figures.
En slalom, faites choisir le sens à l'entraîneur. Ce choix ne s'applique pas évidemment en saut.

A l'écoute de l'entraîneur

Soyez attentif aux consignes données au skieur par l'entraîneur. Vous y entendrez le nombre de répétitions d'exercices ou de passages et surtout les vitesses de bateau requises.
Avec ces informations, vous saurez dans quel sens aller après une chute et surtout, vous connaîtrez déjà la vitesse à donner au bateau.

NIVEAU	DISCIPLINE
Débutant	Slalom
Moyen	Saut
Bon	Figures
Expert	**Pilotage**

TRACTER EN COMPÉTITION

EN QUELQUES MOTS

Piloter en compétition tient de la passion. C'est une possibilité que vous ne pouvez envisager que si vous avez tracté des skieurs à l'entraînement pendant plusieurs centaines d'heures (plus précisément au-delà du seuil des 2 000 heures). C'est de l'expérience acquise avec des skieurs de haut niveau à l'entraînement que naît votre savoir-faire d'expert.

AVANT TOUT

Il n'est pas possible d'expliquer par écrit la technique de pilotage à ce niveau.

En revanche, les règles qui définissent cette fonction sont bien connues.

Vous n'êtes que l'opérateur offrant la meilleure traction possible dans les limites du règlement.

EN PRATIQUE

Le règlement

Généralités

R 11.01 : "Dans toutes les disciplines, le bateau doit avancer en ligne droite à vitesse constante".

R 11.02 : "En slalom et en figures, il faut maintenir la bonne vitesse à 1 km/h près". "En saut, la responsabilité du pilote est de piloter le bateau à la vitesse constante choisie par le skieur même avant ou après la zone chronométrée".

Saut

R 13.01 : "Le skieur a trois sauts, passages ou chutes après son départ".

R 13.04 : "Les temps de pilotage doivent se rapprocher au maximum du temps idéal".

R 13.15 : "Le juge à bord observe le parcours du bateau et s'assure que la vitesse ne varie pas en contrôlant les compteurs de vitesse". "Un commissaire à bord vérifie la vitesse à l'aide d'un chronomètre. Il enregistre les temps des deux tronçons du champ de saut".

Slalom

R 14.03 : "Le chronométrage des deux tronçons est obligatoire. Les temps de pilotage doivent se rapprocher au maximum du temps idéal".

R 14.04 : "Le temps intermédiaire doit être pris à la troisième bouée pour contrôler la vitesse du bateau".

R 14.07 : "Le bateau doit suivre une trajectoire rectiligne tout au long du parcours délimité par les bouées du chenal".

R 14.17 : "Il faut filmer tous les parcours de slalom à l'aide d'une caméra vidéo placée à une extrémité au moins de l'axe du slalom".

Figures

R 15.04 : "Le skieur a le droit de choisir la vitesse constante qu'il désire pour chaque passage. La vitesse du bateau, si elle a été tenue constante à partir d'approximativement 50 mètres de l'entrée du parcours, est sous la responsabilité du skieur".

R 15.08 : "Le bateau doit suivre au mieux le trajet spécifié par les juges. Le trajet doit inclure le temps de préparation avant chaque passage. Le second passage doit être dans la direction opposée du premier".

R 15.09 : "Le skieur doit indiquer au pilote la vitesse qu'il désire pour chacun de ses parcours. On règle sa vitesse pendant le temps de préparation, depuis son départ jusqu'aux 50 derniers mètres avant l'entrée dans le champ de figures. Il peut, par un signal manuel, demander un changement de vitesse pendant les 50 mètres qui précèdent l'entrée dans le champ de figures, mais dans ce cas il doit accepter la vitesse que lui donne le pilote et il ne peut pas porter réclamation sur la vitesse dans la mesure où le pilote a maintenu une vitesse constante pendant tout le passage".

EN PRATIQUE

Votre attention

Au départ, déterminez le niveau de chaque skieur, ainsi que son poids. Vous devez déduire l'opposition qu'il offrira à l'avancée du bateau et prévoir vos réactions sur la manette des gaz.

Manipulez la **manette des gaz** avec douceur en slalom et figures. Fixez la vitesse demandée bien avant le point imposé par le règlement : son ajustement en sera facilité.

Regardez sans arrêt le parcours que vous suivez et simultanément les compteurs de vitesse et le compte-tours. Ce balayage du regard est essentiel.

Conservez votre calme, procuré par l'expérience de l'entraînement.

Vos relations

Les skieurs vous font confiance. Soyez équitable pour tous.

Les juges vous considèrent comme l'un des leurs. Appliquez le règlement à la lettre.

L'organisateur de l'épreuve a besoin de vous. Aidez-le en contrôlant la bonne marche et le bon équipement du bateau. Occupez-vous du plein d'essence. Soyez présent sur le site longtemps avant le début de l'épreuve.

Équilibrez la traction du skieur en saut

Soyez dans l'axe du slalom, bien avant le parcours

EN PRATIQUE

Faites-vous partie des 300 000 personnes qui pratiquent le ski nautique chaque année en France ?
Même si votre première expérience a été le fruit du hasard, né de la rencontre d'amis pratiquants, vous voulez en savoir plus sur ce monde que vous avez découvert.
Cette curiosité est la traduction de votre envie de progresser ou même seulement de vous faire plaisir en toute sécurité. Les structures existent et il ne vous est pas nécessaire d'acheter votre propre bateau pour skier.
Rapprochez-vous plutôt de la Fédération française de ski nautique dont une des missions est de développer le ski nautique et d'en faciliter l'accès au plus grand nombre. Elle vous offre des garanties de structure, de matériel et d'enseignement avec des hommes passionnés.

La structure fédérale (photo 1)

La F.F.S.N. est le seul organisme officiel ayant la délégation de pouvoir du ministère de la Jeunesse et des Sports pour gérer le ski nautique dans son ensemble, y compris les courses de ski nautique, le ski nautique nu-pieds, le téléski nautique, le wake-board et le free style.
Elle met tout en œuvre pour que le haut niveau soit le plus fort possible : deux titres mondiaux et européens consécutifs par équipe témoignent de sa bonne politique en ce domaine.
Elle est très active aussi dans le développement de l'ensemble des pratiques dont elle a la charge : ses 230 clubs affiliés, par l'intermédiaire de 17 ligues régionales, regroupent 12 000 skieurs licenciés de métropole et d'outre-mer.

Chaque année, une centaine de compétitions sont organisées en France, pour tous les niveaux. Une épreuve de promotion, appelée "Sillage d'Or", intéresse notamment les plus jeunes (moins de 9 ans) qui sont regroupés à l'occasion d'une finale nationale. La découverte du ski est possible, chaque année, à l'occasion de la journée "portes-ouvertes" des clubs en juin. Pour faciliter votre information, le Guide du ski nautique, qui est édité chaque année, vous donne l'adresse de tous les clubs.

Les enseignants

L'enseignement du ski nautique français est dispensé soit par des Brevetés fédéraux, soit par des Brevetés d'État. Les Brevets fédéraux sont la garantie d'une compétence affirmée dans le secteur des débutants, du perfectionnement et du loisir. Leur titulaire œuvre dans les clubs et ne peut prétendre à aucune rémunération : il s'agit des initiateurs de club et des moniteurs fédéraux. Les Brevets d'État (du 1er au 3e degré) peuvent enseigner contre rémunération et leur formation très complète leur permet d'assurer des fonctions de responsabilité dans des clubs ou des écoles privées.

Les clubs et leurs sites (photo 2)

98 % des clubs français fonctionnent sur les eaux intérieures. Une grande majorité de ceux-ci est installée sur les lacs et les rivières. Ils disposent d'une zone d'évolution balisée et d'installations à terre offrant à leurs adhérents les meilleures conditions d'accueil. Des plans d'eau artificiels, véritables stades de ski nautique, voient le jour depuis une quinzaine d'années. Ils sont la solution pour garantir une qualité de surface idéale. De dimensions réduites, mais largement suffisantes (800 m x 100 m environ), ils sont peu affectés par le vent. Le plein emploi de la journée par de l'entraînement et des compétitions peut y être programmé longtemps à l'avance. La liste des prestations offertes par tous ces clubs, ainsi que leur plan d'accès, figurent dans le Guide annuel du Ski nautique.

La méthode pédagogique

Tous les enseignants français ont été formés par le Fédération française de ski nautique et suivent une méthode identique. Tous les aspects du ski de 7 à 77 ans n'ont pas de secret pour eux. Faites leur confiance et n'essayez pas de réinventer une méthode qui a largement fait ses preuves. Pour tous les petits (4 à 7 ans), essayez l'approche par le baby ski et son matériel spécialisé. Toutefois, seuls quelques clubs spécialisés offrent cette possibilité à vos enfants. N'hésitez pas à demander leur adresse auprès des ligues régionales. La progression pédagogique n'est pas seulement un moyen d'accéder au haut niveau. Elle est aussi la possibilité d'aborder une pratique de loisir en toute sécurité. Dans les deux cas, les tests fédéraux marquent les étapes à suivre et vous donnent des buts intermédiaires indispensables à votre plaisir et à vos progrès.

CARNET DE PROGRESSION

TESTS FEDERAUX

Fédération Française de Ski Nautique
16, rue Clément Marot - 75008 PARIS
Tél. : 0.147.200.500 - Fax : 0.147.204.374

BABY GLISSE 	**BI :** Premier départ à la barre	Date : Signature :
1er sillage 	**BI :** - Sortir à la corde - Attitude correcte - Virage dans le sillage - Tractions d'une main puis de l'autre	Date : Signature :
① VAGUE 	**BI :** - Traversées de vagues - Virages de part et d'autre d'une vague - Lever ski droit puis gauche - Attitude correcte	Date : Signature :
② VAGUES 	**BI :** - Sauts de vagues - Lever un ski, traction main opposée et inversé - Virages un pied sillage **FIGURES :** - Sortir et attitude correcte - Traction une main et inversé - Enchaîner ses traversées de vagues	Date : Signature :

③ VAGUES 	**MONO :** - Sortir - Virages sillage - Franchissement de vagues ; attitude correcte **BI FIGURES :** - Sauts de vagues - Virages sillage un ski - Dérapage ou 180°	Date : Signature :
④ VAGUES 	**MONO :** - Pied arrière déchaussé : traversées de vagues - Chaussé normalement : enchaîner des traversées style slalom **BI FIGURES :** - Traversées de vagues sur un ski - Enchaîner les 2 dérapages, les 4 x 180°, les 2 x 360°	Date : Signature :
DAUPHIN  *2 disciplines sur 3*	**FIGURES :** ***Bi :*** Enchaînement de la 4e vague chronométré ***Mono :*** Sortie et attitude correcte - Traversées de vagues - Sauts de vagues - Un dérapage ou un 180° AV-AR et AR-AV **SAUT :** - 2 sauts réussis sur 4 - Attitude et réception correctes **SLALOM :** - 2 passages complets dans le mini ou intérieur des bouées du classique - Atittude correcte	Date : Signature :
Mini-Slalom 	- 2 passages complets dans le mini slalom ou intérieur des bouées du slalom classique - Attitude correcte - Rythme régularité - Corde tendue	Date : Signature :

Code Vagnon - Le Ski nautique
Imprimeries de Champagne - 52200 Langres
Dépôt légal : décembre 1998
ISBN N° 2-85725-246-3